골프 심리학과 멘탈 코칭 가이드
Golf Psychology and Mental Coaching Guide

백형진
김용주
정찬경

골프 심리학과 멘탈 코칭 가이드
Golf Psychology and Mental Coaching Guide

골프 심리학과 멘탈 코칭 가이드

발 행 | 2025년 04월 01일
저 자 | 백형진, 김용주, 정찬경
펴낸곳 | 예방의학사
문의처 | 010-4439-3169
이메일 | prehabex@naver.com
주 소 | 서울특별시 송파구 석촌동 150-3 B1
전 화 | 010-4439-3169
가 격 | 30,000

ISBN | 979-11-89807-55-9(93690)

*이 책은 저작권법에 의해 보호를 받는 저작물이므로 동영상 제작 및 무단전제와 복제를 금한다.
(*잘못된 책은 구입하신 서점에서 교환해 드립니다.)

저자 소개

백형진 (Ph.D 통합의학박사, DO, DN)

1. 헬스케어 웨이브 대표 & 비엠코퍼레이션 이사
2. 가천대학교 특수치료대학원 운동치료학과 겸임교수
3. 골프 트레이너 가이드 공동저자 & 골퍼를 위한 해부학과 스트레칭 및 트레이닝 공동역자

김용주 (Ph.D 통합의학박사, DO)

1. 더바른몸PT 대표
2. 한국골프과학기술대학교 골프재활 헬스케어과 겸임교수
3. 가천대학교 특수치료대학원 운동치료학과 겸임교수

정찬경 (Ph.D 체육학박사)

1. 現 한국골프과학기술대학교 골프재활 헬스케어과 학과장
2. 한양대학교 일반대학원 운동생리학 박사
3. 前 공군사관학교 생도대 체육학처 교수 역임

골프 심리학과 멘탈 코칭 가이드

**백형진
김용주
정찬경
지음.**

목차

머리말

제1장. 골프 심리학과 멘탈 코칭의 필요성 ··············· 1
1. 골프 심리학의 기초 ··············· 2
2. 골프 스포츠 심리기술 훈련의 이해와 필요성 ··············· 3
3. 골프에서 멘탈이 중요한 이유 ··············· 4
4. 심리적 요소의 종류 ··············· 5
5. 스포츠 심리기술 훈련의 주요 요소 ··············· 6
6. 골프 스포츠 심리기술 훈련의 효과 ··············· 8
7. 골프 심리학 실패 사례 및 연구 ··············· 9

제2장. 골프와 심리학의 관계 ··············· 10
1. 골프에서의 심리적 요소 분석 ··············· 11
2. 심리 상태와 경기력의 관계 ··············· 11
3. 경기 중 감정 조절의 중요성 ··············· 12
4. 집중력과 심리적 흐름(Flow State) ··············· 12
5. 경기 중 심리적 장애물 극복 방법 ··············· 13
6. 골프 선수를 위한 Q&A로 본 심리기술훈련 ··············· 14

제3장. 골프는 멘탈 게임이다 ··············· 15
1. 심리적 강인함이 스코어를 결정한다 ··············· 16
2. 세계적인 골퍼들의 멘탈 트레이닝 사례 ··············· 17
3. 멘탈 코칭을 통해 경기력 향상하기 ··············· 17
4. 골프 멘탈 훈련 프로그램 적용 사례 ··············· 20
5. 멘탈 강화를 위한 루틴 만들기 ··············· 21

제4장. 멘탈 코칭의 필요성과 기본 원리 ··············· 22
1. 멘탈 코칭의 정의와 목적 ··············· 23
2. 효과적인 멘탈 훈련법 ··············· 23
3. 멘탈 코칭이 필요한 골퍼 유형 ··············· 24
4. 골프 멘탈 코칭의 역사와 발전 과정 ··············· 24

제5장. 목표 설정과 동기 부여 ··············· 26
1. 효과적인 목표 설정 ··············· 27
2. 골프에서의 현실적인 목표 설정 방법 ··············· 28
3. 단기·중기·장기 목표 세우기 ··············· 28
4. 동기 부여 전략과 지속적인 실천 ··············· 29
5. 성공적인 골퍼들의 목표 설정 사례 ··············· 29
6. 동기 부여를 위한 심리적 전략 ··············· 30

제6장. 심리적 요소의 종류와 관리 방법 ······ 31
1. 자신감: 경기력의 핵심 ······ 32
2. 집중력: 한타 한타에 몰입하는 방법 ······ 33
3. 감정 조절: 스트레스와 불안 다스리기 ······ 33
4. 골프에서의 심리적 피로 관리법 ······ 38

제7장. 실수 관리와 긍정적인 사고 ······ 39
1. 골프는 실수의 게임이다 ······ 40
2. 실수를 대하는 올바른 태도 ······ 41
3. 실패 경험을 성장의 기회로 만들기 ······ 41
4. 멘탈 회복을 위한 심리적 훈련 ······ 42

제8장. 선수 멘탈 관리 전략 ······ 43
1. 선수 멘탈 관리 ······ 44
2. 자기 인식과 감정 조절 ······ 44
3. 경기 전/후 멘탈 루틴 개발 ······ 45
4. 골프 선수 슬럼프 자가 진단법과 극복 방법 ······ 47
5. 슬럼프 극복을 위한 전략 ······ 50
6. 입스의 이해와 극복 방법 ······ 51
7. 골프 슬럼프 극복 방법 ······ 57
8. 슬럼프 극복과 멘탈 회복 기술 ······ 58
9. 세계적인 골퍼들의 멘탈 관리 사례 ······ 59

제9장. 타깃 집중과 시각화 훈련 ······ 61
1. 골프는 타깃 게임 ······ 62
2. 타깃 게임과 감각 ······ 63
3. 마인드 아이(Mind's Eye) 훈련법 ······ 64
4. 스윙 루틴과 시각화의 관계 ······ 64
5. 집중력 향상을 위한 뇌 훈련 ······ 65

제10장. 멘탈을 유지하는 실전 기술 ······ 66
1. 시합 중 평정심 유지하기 ······ 67
2. 자기 인식과 감정 조절 ······ 67
3. 골프는 자신감의 게임 ······ 68
4. 자기 암시와 긍정적 사고 ······ 69
5. 스트레스 관리와 회복 ······ 70
6. 심리적 압박에서 벗어나기 위한 훈련 ······ 73

제11장. 골프에서 감정 관리 전략 ······ 74
1. 부정적인 감정을 다루는 방법 ······ 75
2. 긍정적인 감정 활용법 ······ 75

    3. 감정 조절을 위한 훈련 프로그램 ··· 75
    4. 경기 중 감정 컨트롤 성공 사례 ··· 76

제12장. 골프 심리학을 활용한 실전 코칭 ··· 77
    1. 멘탈 훈련의 중요성 ··· 78
    2. 멘탈 훈련의 기본 원칙 ·· 78
    3. 아마추어와 프로의 멘탈 훈련 차이 ··· 79
    4. 경기 중 심리적 기술 ·· 79
    5. 경기 중 심리 전략 적용법 ··· 80
    6. 멘탈이 강한 골퍼가 되기 위한 체크리스트 ··························· 80
    7. 선수별 맞춤형 멘탈 코칭 사례 ··· 81

제13장. 코치와 선수의 역할 ··· 82
    1. 멘탈 코칭에서 코치의 역할 ··· 83
    2. 선수 자신이 할 수 있는 멘탈 훈련 ··· 83
    3. 장기적인 멘탈 강화 계획 수립 ··· 83
    4. 코치와 선수 간 신뢰 구축 방법 ··· 84

제14장. 골프 멘탈 훈련 실전 가이드 ··· 85
    1. 골프에서의 집중력 ··· 86
    2. 집중력의 중요성 ··· 86
    3. 집중력을 높이는 방법 ·· 87
    4. 경기 전 준비 루틴 ··· 87
    5. 경기 중 집중력 유지 방법 ··· 87
    6. 집중력 훈련 ··· 88
    7. 집중력 향상 기법 ··· 89
    8. 경기 후 분석과 멘탈 회복 전략 ··· 90
    9. 장기적인 멘탈 성장 로드맵 ··· 91

제15장. 결론: 멘탈 강한 골퍼로 성장하기 ··· 93
    1. 멘탈 코칭의 실제 사례 ·· 94
    2. 골프와 인생은 같은 법칙을 따른다 ·· 94
    3. 지속적인 멘탈 트레이닝의 필요성 ··· 95
    4. 멘탈 회복력 기르기 ··· 97
    5. 멘탈 강한 골퍼로 거듭나는 과정 ··· 100
    6. 종합 정리 및 최종 체크리스트 ··· 100
    7. 멘탈 코칭의 미래 ··· 101

참고문헌

머리말

골프는 단순히 공을 치는 운동이 아닙니다.
많은 사람들이 골프를 '멘탈 게임'이라고 부르는 데에는 이유가 있다. 골프에서는 순간의 판단과 감정 조절이 경기 결과를 좌우하며, 아무리 뛰어난 기술을 갖춘 선수라도 심리적으로 흔들리면 자신의 실력을 제대로 발휘할 수 없습니다.

이 책 『골프 심리학과 멘탈 코칭 가이드』는 골프에서 멘탈의 중요성을 이해하고, 심리적 역량을 효과적으로 훈련하는 방법을 안내하는 실전 지침서이다. 스포츠 심리학과 멘탈 트레이닝의 원리를 기반으로, 골프 경기 중 발생하는 심리적 변화를 분석하고 이를 극복할 수 있는 다양한 기법을 제공합니다.

멘탈이 강한 골퍼는 실수를 두려워하지 않고, 스트레스 속에서도 집중력을 유지하며, 자신감을 바탕으로 한결같은 플레이를 이어갑니다. 이러한 심리적 능력은 타고나는 것이 아니라, 체계적인 훈련과 연습을 통해 길러질 수 있다. 프로 선수부터 아마추어 골퍼까지, 모든 골퍼가 경기력을 극대화하고 골프를 더욱 즐길 수 있도록 돕는 것이 이 책의 목표이다.

책을 통해 독자 여러분이 자신의 심리적 상태를 보다 깊이 이해하고, 실전에 적용할 수 있는 멘탈 전략을 습득하며, 궁극적으로 더 나은 골퍼로 성장할 수 있기를 바랍니다. 골프는 결국 마음의 게임이다. 이 책이 여러분의 멘탈을 더욱 단단하게 만드는 데 작은 길잡이가 되기를 기대합니다.

2025년 4월 1일
저자 일동 (백형진, 김용주, 정찬경)

제1장. 골프 심리학과 멘탈 코칭의 필요성

골프 심리학과 멘탈 코칭 가이드

제1장. 골프 심리학과 멘탈 코칭의 필요성

1. 골프 심리학의 기초

골프는 단순한 기술 게임이 아니라 정신적 강인함과 집중력이 필수적인 종목이다. 실제로 프로 골퍼들은 경기력 향상을 위해 심리학적 접근을 적극적으로 활용하고 있다. 골프에서 심리학의 중요성은 결코 간과할 수 없는 부분이다.

심리적 요인이 골프 경기에 미치는 영향은 매우 크다. 선수들의 자신감, 집중력, 스트레스 관리 능력 등이 골프 실력에 직접적으로 연결되기 때문이다. 예를 들어 큰 대회에 출전할 때 긴장감이나 초조함을 잘 조절하지 못하면 제 실력을 발휘하기 어렵다. 반면 자신감과 집중력이 높은 선수는 실제 기술 수준보다 더 좋은 경기력을 보여줄 수 있다.

따라서 골프 선수들에게 멘탈 코칭은 필수불가결하다. 전문적인 멘탈 코칭을 통해 자신의 심리 상태를 객관적으로 파악하고, 이를 체계적으로 관리할 수 있기 때문이다. 선수들은 멘탈 코칭을 통해 자신의 감정을 조절하고, 효과적인 목표 설정과 동기 부여를 할 수 있다. 또한 경기 전후의 루틴을 개발함으로써 안정적인 경기 수행이 가능해진다.

골프에서 중요한 심리적 요소로는 긍정적 사고, 집중력, 자신감, 스트레스 관리 능력 등이 있다. 이러한 심리적 요소들이 골퍼의 실력과 경기력에 결정적인 영향을 미치는 것이다. 따라서 골프 선수들은 자신의 심리적 상태를 끊임없이 관찰하고 관리해야 한다.

골프는 기술적인 측면뿐만 아니라 정신적인 면에서도 매우 어려운 운동이다. 골프 경기에서 승패를 좌우하는 것은 실력만이 아니라 선수의 심리적 상태인 경우가 많다. 이에 골프 선수들이 체계적인 멘탈 코칭을 통해 자신의 심리를 관리하고 강화하는 것이 매우 중요하다. 골프에서 심리학의 역할은 이제 선택이 아닌 필수인 것이다.

■ 골프와 심리학의 관계

골프는 기술과 체력만으로 이루어지는 경기가 아니다. 사실 심리적 요소가 골프 경기의 결과에 큰 영향을 미친다는 것을 많은 선수들이 경험했을 것이다. 경기 중 집중력이 흐려지거나, 긴장감으로 인해 실수를 하는 일이 종종 있었을 것이다. 이처럼 골프에서의 심리학적 요인은 매우 중요한데, 그 이유를 살펴보자.

골프는 개인 스포츠이기 때문에 선수 개인의 심리 상태가 경기력에 직접적인 영향을 미친다. 다른 팀 스포츠와 달리 골프에서는 다른 선수들의 모습이나 분위기에 휩싸이지 않고 자신만의 경기를 펼쳐나가야 한다. 따라서 자신의 감정과 집중력을 적절히 조절하는 것이 매우 중요하다. 예를 들어 실수를 했을 때 좌절감에 빠져 경기에 집중하지 못하거나, 상대방의 좋은 플레이에 위축되어 긍정적인 마인드를 유지하지 못한다면 경기력은 크게 떨어질 수밖에 없다.

또한 골프는 기술적인 면에서도 심리적인 요소가 매우 중요하다. 스윙 동작이나 퍼팅과 같은 핵심 기술들은 반복 연습을 통해 자동화되어야 하는데, 이 과정에서 선수의 자신감과 집중력이 큰 역할을 한다. 자신감이 부족하거나 집중력이 흐려지면 기술을 제대로 발휘하기 힘들어진다. 따라서 골프 선수들은 경기력 향상을 위해 기술 훈련뿐만 아니라 심리적 준비도 병행해야 한다.

2. 골프 스포츠 심리기술 훈련의 이해와 필요성

골프는 신체적 기술뿐만 아니라 심리적 요소가 경기력에 큰 영향을 미치는 스포츠이다. 골프에서 성공적인 퍼포먼스를 발휘하기 위해서는 집중력, 자신감, 스트레스 관리, 루틴 유지 등 다양한 심리적 요소를 효과적으로 다룰 필요가 있다. 이에 따라 스포츠 심리기술 훈련(mental skills training, MST)의 필요성이 강조된다.

골프는 다른 스포츠에 비해 경기 시간이 길고, 신체적 접촉이 없으며, 자기 자신과의 싸움이 중요한 스포츠이다. 따라서 선수들은 불안, 긴장, 실패에 대한 두려움 등 다양한 심리적 도전에 직면하게 된다. 이러한 심리적 요인들이 경기력에 미치는 영향을 최소화하고 최적의 퍼포먼스를 유지하기 위해 심리기술 훈련이 필수적이다.

■ 심리기술훈련의 필요성

선수들은 치열한 경쟁 상황과 주위 환경의 다양한 요인들로 인해 심리적 압박이 발생한다. 이러한 상황 속에서 최상의 기량을 유지하는 것은 매우 어려운 일로 뛰어난 기술력과 체력을 가지고 있어도 심리적인 기술이 약하다면 경기에서 패하는 원인이 되기도 한다. 세계적인 무대에서 성공한 우수한 선수들은 스포츠 지능, 자기관리 능력, 감정 조절, 자신감, 집중력, 위기 대처 능력, 정신적 이완, 목표설정 능력 등 긍정적인 심리적 특성 및 심리기술을 가지고 있는 것으로 나타났다. 특히 불안을 제어하고 각성 및 정서 조절 능력이 뛰어 나는 등 심리적 강점 요인과 발달된 심리기술을 소유하고 있다. 스포츠 심리기술훈련(psychological skills training, PST)을 통해서 선수들은 강점을 더욱 극대화시킬 수 있고 좋은 경기력을 유지하여 경기 중 불안이나 어려운 훈련 과정에서 이겨 낼 수 있는 강인한 정신력을 유지할 수 있다.

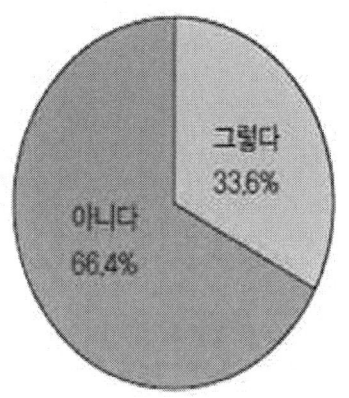

출처: 이영근, 박종서(2024). "야, 공 똑바로 안 던져?"…이 한마디에, 내게 '괴물'이 찾아왔다. | 중앙일보

3. 골프에서 멘탈이 중요한 이유

  골프는 신체적인 기술뿐만 아니라 심리적인 요소가 경기력에 큰 영향을 미치는 스포츠 중 하나이다. 다른 스포츠와 달리, 골프는 순간적인 반응보다는 지속적인 집중력과 심리적 안정이 요구된다. 경기 중 발생하는 다양한 변수와 환경 변화 속에서도 냉정한 판단을 유지하고, 샷 하나하나에 최선을 다하기 위해서는 강한 멘탈이 필수적이다.

  멘탈이 강한 골퍼는 위기 상황에서도 흔들리지 않고 자신의 플레이를 유지할 수 있으며, 반대로 멘탈이 약한 골퍼는 작은 실수에도 심리적으로 위축되어 경기력이 급격히 저하될 수 있다. 따라서 골프 심리학을 이해하고 효과적인 멘탈 코칭을 실천하는 것은 실력 향상의 중요한 요소이다.

  멘탈이 중요한 또 다른 이유는 경기 시간이 길고 외부 요인의 영향을 크게 받기 때문이다. 골프는 한 번의 경기에서 수십 개의 샷을 날려야 하며, 각 샷 사이의 시간이 길어 스스로를 조절하고 감정을 다스릴 필요가 있다. 또한 날씨, 코스 상태, 갤러리의 반응 등 다양한 외부 환경 요인에 의해 경기력이 좌우될 수 있기 때문에 강한 멘탈이 더욱 중요하다.

■ 멘탈 코칭의 필요성

  골프 선수에게 있어 멘탈은 매우 중요한 요소라고 할 수 있다. 실력이나 기술은 물론 중요하지만, 경기 중 자신의 감정을 조절하고 긍정적인 마음가짐을 유지하는 것이 성공의 핵심이 되기 때문이다. 많은 선수들이 실력은 뛰어나지만 최종 경기에서 좋은 성적을 내지 못하는 것은 바로 이런 정신적 요인 때문이다. 따라서 체계적인 멘탈 코칭은 선수들에게 큰 도움을 줄 수 있다.

  멘탈 코칭을 통해 선수들은 자신의 감정을 정확히 인식하고 효과적으로 조절하는 법을 배울 수 있다. 경기 중 불안, 스트레스, 초조함 등의 감정을 적절히 제어할 줄 알게 되면 자신의 실력을 마음껏 발휘할 수 있게 된다. 또한 긍정적인 마인드셋을 가질 수 있게 되어 실패에도 쉽게 좌절하지 않고 재도전할 수 있게 된다.

  뿐만 아니라 멘탈 코칭은 선수들의 동기부여에도 큰 도움을 준다. 명확한 목표 설정과 꾸준한 자기 관리를 통해 선수들은 지속적으로 발전할 수 있게 된다. 이는 경기력 향상으로 이어지며, 선수 개인의 성취감과 자신감을 높여주게 된다. 나아가 멘탈 코칭은 팀워크와 협력 능력 향상에도 기여하여 선수들로 하여금 보다 성공적인 경기 활동을 펼칠 수 있게 해준다.

이처럼 멘탈 코칭은 골프 선수들에게 다양한 이점을 제공한다. 실력과 기술 외에도 정신적 측면에서의 준비와 관리가 경기 결과에 큰 영향을 미치는 스포츠에서, 멘탈 코칭은 더욱 강조되어야 할 필수적인 요소라고 할 수 있다.

4. 심리적 요소의 종류

골프에서 선수들이 고려해야 할 중요한 심리적 요소들이 있다. 첫째, 자신감이다. 골프는 정신적 집중력과 신념이 중요한 스포츠이기에, 선수 개인의 자신감은 경기력에 큰 영향을 미친다. 자신의 실력을 믿고 긍정적으로 임하는 선수들이 좋은 성적을 내는 경우가 많다.

또한 집중력도 골프 경기에서 매우 중요한 요소다. 골프는 한 경기가 길어지기 때문에 지속적인 집중력을 발휘해야 한다. 집중력이 높은 선수는 실수를 줄이고 안정적인 경기를 펼칠 수 있다.

마지막으로 감정 조절 능력도 중요하다. 골프는 좌절감이나 스트레스가 많이 발생하는 스포츠라서 자신의 감정을 잘 다룰 수 있어야 한다. 감정이 고조되면 집중력이 떨어지고 실수가 늘어날 수 있기 때문이다. 선수들은 긍정적이고 차분한 마음가짐을 유지하는 연습이 필요하다.

이렇듯 골프에서는 자신감, 집중력, 감정 조절 능력 등의 심리적 요소가 경기력에 큰 영향을 미친다. 선수들은 이러한 심리적 요소들을 잘 관리하고 향상시킴으로써 더욱 안정적이고 성공적인 경기 수행을 할 수 있을 것이다.

■ 심리적 요인이 경기력에 미치는 영향

골프에서 심리적 요인은 경기력에 직간접적으로 영향을 미친다. 대표적인 심리적 요인으로는 다음과 같은 것들이 있다.

① **자신감(Confidence)**:
자신의 실력을 신뢰하고 긍정적인 마인드를 유지하는 태도. 자신감이 높은 골퍼는 위기 상황에서도 평정심을 유지하며 좋은 샷을 만들어 낼 가능성이 크다.

② **집중력(Concentration)**:
샷을 할 때 방해 요소를 배제하고 한 가지 목표에 몰입하는 능력. 집중력이 부족하면 스윙이 불안정해지고, 타격 정확도가 떨어질 수 있다. 특히 경기 후반으로 갈수록 집중력 유지가 어려워지므로 체계적인 훈련이 필요하다.

③ **긴장 조절(Stress & Anxiety Management)**:
경기 중 발생하는 긴장과 불안을 효과적으로 관리하는 능력. 지나친 긴장은 근육을 경직시키고 스윙에 부정적인 영향을 미칠 수 있으므로, 이를 조절하는 방법을 익히는 것이 중요하다.

④ **회복 탄력성(Resilience)**:
실수 후 빠르게 회복하고 다음 플레이에 집중하는 심리적 유연성. 골프는 실수를 피할 수 없는 경기이므로, 한 번의 실수로 인해 전체 경기가 흔들리지 않도록 정신적 회복력을 기르는 것이 필수적이다.

⑤ **루틴(Routine) 형성**:
경기 중 심리적 안정을 위해 일정한 패턴을 유지하는 습관. 경기 전 준비 루틴, 스윙 전 루틴 등을 확립하면 긴장을 줄이고 경기력을 일정하게 유지할 수 있다.

이러한 요소들은 골프 경기에서 선수의 퍼포먼스를 결정짓는 핵심 요소이며, 적절한 훈련을 통해 강화할 수 있다.

5. 스포츠 심리기술 훈련의 주요 요소

골프 선수들이 효과적으로 심리적 요소를 조절하고 경기력을 향상시키기 위해 다음과 같은 심리기술 훈련이 활용하는데 골프는 심리적 요인이 경기력에 직접적인 영향을 미치는 스포츠이므로, 체력과 기술뿐만 아니라 심리적 훈련도 병행해야 한다. 심리기술 훈련을 통해 골퍼들은 경기 중 흔들림 없이 최상의 컨디션을 유지할 수 있으며, 장기적으로 경기력을 향상시키는 데 큰 도움이 된다.

따라서, 골프 선수뿐만 아니라 아마추어 골퍼들도 스포츠 심리기술 훈련을 적극적으로 도입하여 보다 안정적이고 효과적인 플레이를 할 수 있도록 노력해야 한다.

(1) 목표 설정 (Goal Setting)
- 장기적, 단기적 목표를 설정하여 지속적인 동기 부여
- 성취 가능한 목표를 세워 성공 경험을 축적

(2) 심상 훈련 (Imagery Training)
- 샷을 치기 전에 성공적인 이미지 연출
- 경기 중 발생할 수 있는 다양한 상황을 미리 경험

(3) 집중력 향상 (Concentration Enhancement)
- 샷을 수행하는 순간에만 집중하는 방법 연습
- 외부 방해 요소에 흔들리지 않는 루틴 유지

(4) 자신감 향상 (Self-Confidence Boosting)
- 긍정적인 자기 대화(Self-Talk) 활용
- 성공적인 경험을 되새기며 자기 효능감 강화

(5) 스트레스 및 불안 조절 (Stress & Anxiety Management)
- 호흡법, 명상, 이완 기법 등을 통한 긴장 완화
- 실수 후에도 빠르게 회복할 수 있는 회복력(Resilience) 강화

(6) 루틴 개발 (Pre-shot & Post-shot Routine)
- 일정한 루틴을 통해 안정적인 경기 운영
- 루틴을 활용하여 심리적 안정감 확보

■ 멘탈 훈련이 실력 향상에 미치는 과학적 근거

멘탈 훈련이 골프 실력 향상에 효과적이라는 것은 여러 연구에서 입증되었다. 대표적인 연구 결과는 다음과 같다.

- **이미지 트레이닝(Visualization):**

연구에 따르면, 스윙 동작을 머릿속으로 반복적으로 이미지화하는 것이 실제 연습만큼 효과적일 수 있다. 이는 뇌가 실제 움직임과 시각적 상상을 구별하지 않기 때문에 신경 경로가 강화되는 효과를 가진다. PGA 투어 선수들도 이미지 트레이닝을 적극 활용하고 있다.

- **심호흡 및 명상(Deep Breathing & Meditation):**

심호흡과 명상은 심리적 안정과 집중력 향상에 도움이 된다. 연구에 따르면, 명상을 꾸준히 실천한 골퍼들이 스트레스 상황에서도 더 나은 경기력을 발휘하는 것으로 나타났다. 심호흡은 경기 중 긴장감을 조절하는 데 매우 효과적인 방법 중 하나이다.

- **긍정적 자기 암시(Self-Talk):**

긍정적인 자기 암시는 불안과 긴장을 감소시키고, 자신감을 향상시키는 데 효과적이다. 연구 결과, 자신에게 긍정적인 말을 반복한 골퍼들이 그렇지 않은 선수들보다 더 안정적인 퍼포먼스를 보였다.

6. 골프 스포츠 심리기술 훈련의 효과

골프에서 심리기술 훈련을 실시하면 다음과 같은 긍정적인 효과를 기대할 수 있다.

- 경기 중 불안과 스트레스를 줄이고, 침착함 유지
- 실수 후 빠르게 회복하여 다음 샷에 집중
- 경기력의 일관성 유지 및 퍼포먼스 향상
- 자기 조절 능력을 강화하여 장기적인 경기력 유지

(1) 지도자가 호소하는 심리적인 문제

1. 감정적인 어려움	• 성적에 대한 압박감 • 미래의 불확실성 • 개인 시간 부족 • 육체적, 신체적 탈진
2. 선수관리에 대한 어려움	• 사춘기 선수 지도 • 선수 생활 관리 • 부상 및 이탈 • 선수 선발 및 진로 • 학부모와의 관계

(2) 선수들이 호소하는 심리적인 문제

1. 지도자와의 갈등	• 지도자들에 대한 배신감 • 지도자들로부터의 소외감 • 지도자들의 통제 방법에 대한 불만, 반항
2. 자신과의 갈등	• 운동 숙달에 대한 자신감 부족 • 자신의 실력에 대한 불확신, 불안함 • 신체 조건에 대한 불만, 열등감(청소년)
3. 건강/미래에 대한 두려움	• 운동을 계속할 것인지에 대한 갈등 • 진로에 대한 고민 • 부상으로 인한 공백기 • 부상, 손상 재활 후 재부상에 대한 염려
4. 성격적인 문제	• 지나치게 내성적이고 소심함 • 감정조절의 실패, 긴장을 잘함
5. 대인관계에서의 문제	• 선배와의 갈등, 질투 혹은 지나친 경쟁 • 단체 생활에서의 부적응 • 친구 및 이성과의 관계 단절 및 소홀 • 부모 및 가족 구성원 간의 갈등
6. 가족/경제적인 문제	• 운동하는 데 드는 비용(청소년) • 부상 손상 시 재활 비용 • 부모님의 이혼, 알코올 중독 아버지, 가족의 빚

7. 골프 심리학 실패 사례 및 연구

골프 심리학에 대한 연구는 꾸준히 진행되고 있으며, 다양한 사례들이 이를 뒷받침하고 있다.

■ 골프 선수들의 심리 실패 사례

김인경	LPGA 2012 나비스코 챔피언십 최종라운드에서 선두를 달리고 있던 김인경은 마지막 홀인 18번 홀에서 30cm 우승 퍼트를 놓치며 연장전을 진행하게 되었고 결국 우승을 놓치게 되었다. 김인경 선수가 입을 틀어막고 서 있는 모습을 본 관중들은 모두 충격에 빠졌다. 또한, 김인경 선수는 다음 해 치러진 경기 연장에서 다시 한번 우승을 놓치게 되면서 일부에서는 '트라우마'가 되살아났다고 표현했다.
그렉 노먼	1996년 마스터스에서 1라운드에서 9언더파를 기록하는 등 승승장구하며 선두를 달린 그렉 노먼은 마스터스의 그린 재킷이 이미 손안에 들어온 듯 여유를 보였지만 마지막 날 6타 뒤진채 출발한 닉 팔도가 턱밑까지 추격 해오자 점점 흔들리기 시작했다. 13홀을 지나며 닉 팔도가 선두에 오르자 그렉 노먼 눈앞에 현실이 믿기지 않는 듯 망연자실했고 TV에 그대로 잡힌 그렉 노먼의 흔들리는 모습을 지켜본 골프 팬들은 이를 아직까지 기억하고 있다.

■ 골프 선수들의 연구 사례

- **잭 니클라우스(Jack Nicklaus)의 심리 전략**: '멘탈 골프의 대가'로 불리는 잭 니클라우스는 매 샷 전에 명확한 이미지 트레이닝을 수행했다. 그는 특정한 샷을 하기 전에 머릿속에서 완벽한 궤적을 그린 후 스윙을 진행했고, 이는 그의 경기력에 큰 영향을 미쳤다.

- **타이거 우즈(Tiger Woods)의 루틴 훈련**: 타이거 우즈는 경기 중 일관된 루틴을 유지하는 것이 중요하다고 강조했다. 그는 일정한 패턴으로 경기 흐름을 조절하며, 위기 상황에서도 흔들리지 않는 멘탈을 유지했다.

- **스포츠 심리학 연구 사례**: 한 연구에서는 멘탈 트레이닝을 적용한 골퍼 그룹이 그렇지 않은 그룹보다 경기 중 스트레스를 덜 받고 집중력이 향상되었음을 보여주었다. 이는 멘탈 훈련이 실제 경기력 향상에 효과적이라는 점을 시사한다.

골프는 단순한 신체 운동이 아니라, 심리적 요인이 경기력의 큰 부분을 차지하는 스포츠이다. 따라서 골프 심리학을 이해하고 적절한 멘탈 코칭을 실천하는 것은 모든 골퍼들에게 필수적인 요소이다. 다음 장에서는 구체적인 멘탈 훈련 방법과 실전 적용법에 대해 살펴볼 것이다.

제2장. 골프와 심리학의 관계

제2장. 골프와 심리학의 관계

1. 골프에서의 심리적 요소 분석

골프는 단순한 신체적 기술뿐만 아니라 다양한 심리적 요소가 경기력에 중요한 영향을 미친다. 특히 골프는 경기 중 스스로를 통제하고, 감정을 조절하며, 경기의 흐름을 유지하는 것이 필수적이다.

■ 주요 심리적 요소

- 집중력(Concentration):
골프는 경기 시간이 길고 한 번의 실수가 전체 경기에 큰 영향을 미칠 수 있다. 따라서 집중력을
유지하는 것이 필수적이며, 이를 위한 연습과 전략이 필요하다.

- 자신감(Confidence):
자신감 있는 골퍼는 실수를 두려워하지 않고 공격적인 플레이를 펼칠 수 있다. 자신감을 키우기 위해 긍정적인 자기 암시와 성공적인 경험을 반복하는 것이 중요하다.

- 긴장 조절(Stress & Anxiety Management):
경기 중 긴장을 효과적으로 조절하는 능력은 경기력에 직접적인 영향을 미친다. 호흡 조절, 명상, 루틴 형성이 이러한 능력을 키우는 데 도움이 된다.

- 회복 탄력성(Resilience):
실수를 한 후에도 빠르게 정신을 회복하고 경기에 집중할 수 있는 능력. 심리적 회복력을 높이는 연습이 필요하다.

- 감정 조절(Emotional Control):
분노, 좌절, 불안 등의 감정을 효과적으로 관리해야 경기력이 흔들리지 않는다.

2. 심리 상태와 경기력의 관계

심리 상태는 골프 경기에서 중요한 역할을 한다. 긍정적인 심리 상태는 안정적인 경기력을 유지하는 데 도움이 되며, 부정적인 심리 상태는 경기력을 저하할 수 있다.

- 최적의 심리 상태(Optimal Mental State):
자신감이 높고 긴장이 적절할 때 최고의 경기력을 발휘할 수 있다.

- **부정적 심리 상태(Negative Mental State)**:
불안, 스트레스, 집중력 부족은 경기력 저하를 초래한다.

- **심리적 요인의 변동성(Variability of Psychological Factors)**:
경기 중 심리 상태가 변할 수 있으며, 이를 조절하는 능력이 필요하다.

3. 경기 중 감정 조절의 중요성

감정 조절은 경기력 유지에 필수적인 요소다. 골프에서는 한 번의 실수가 경기 전체에 영향을 미칠 수 있기 때문에 감정을 조절하는 능력이 필요하다.

■ 감정 조절 전략
- **심호흡(Deep Breathing)**: 긴장을 완화하고 심리적 안정을 찾는 데 도움을 준다.

- **명상과 마인드풀니스(Mindfulness & Meditation)**:
현재의 순간에 집중하는 연습으로 불안과 스트레스를 줄일 수 있다.

- **긍정적 자기 대화(Self-Talk)**:
경기 중 자신을 격려하고 긍정적인 메시지를 전달하는 것이 중요하다.

- **루틴 형성(Pre-Shot Routine)**: 일정한 루틴을 통해 감정 조절과 집중력을 유지할 수 있다.

4. 집중력과 심리적 흐름(Flow State)

심리적 흐름(Flow State)은 최고 수준의 집중력을 발휘하는 상태로, 이를 달성하면 경기에 완전히 몰입할 수 있다.

■ 심리적 흐름의 특징
- **완전한 몰입(Complete Immersion)**:
현재 순간에 집중하며 외부에 영향을 받지 않는 상태.

- **자연스러운 움직임(Effortless Movement)**: 생각 없이 자연스럽게 동작이 이루어짐.

- **시간 감각의 변화(Altered Sense of Time)**: 시간이 빠르게 지나가는 느낌을 받음.

- **높은 통제력(Heightened Control)**: 경기 중 자신이 완전히 통제하고 있다는 느낌.

■ 흐름 상태를 유도하는 방법

- **명확한 목표 설정(Clear Goals)**: 경기 중 실현 가능한 목표를 설정하고 집중한다.

- **적절한 도전과 기술 수준(Balance between Challenge and Skill)**:
  도전과 자신의 기술 수준이 균형을 이루도록 한다.

- **주의 집중(Attention Control)**:
  경기 중 불필요한 생각을 배제하고 목표에만 집중한다.

5. 경기 중 심리적 장애물 극복 방법
골프에서 선수들은 경기 중 다양한 심리적 장애물을 경험할 수 있다. 이를 극복하는 능력은 경기력 향상에 필수적이다.

■ 주요 심리적 장애물과 극복 방법
- **긴장과 불안(Performance Anxiety)**:
  경기 전과 경기 중에 심호흡과 명상을 활용하여 긴장을 완화한다.

- **실패에 대한 두려움(Fear of Failure)**:
  실수를 성장의 기회로 받아들이는 마인드를 갖는다.

- **부정적인 자기 대화(Negative Self-Talk)**:
  긍정적인 자기 암시를 통해 부정적 생각을 억제한다.

- **외부 요인의 영향(External Distractions)**:
  환경적 요소에 신경 쓰지 않고 자신의 루틴과 전략을 유지한다.

- **집중력 부족(Lack of Focus)**:
  경기 중 루틴을 설정하여 집중력을 유지한다.

■ 경기 전, 중 심리조절 방법

경기 전 심리조절 방법	경기 중 심리조절 방법
선수: 긴장이 많이 될 땐 어떻게 해야 할까요? A: 긴장이 많이 될 땐 어떻게 해야 할까요? 예) 긴장은 누구나 하는거야, 연습한걸 믿고 하자! 선수: 긴장되서 심박수가 높고 경직돼요. A: 심호흡을 활용해보세요. 예) 심박수 낮추는 호흡법 등	선수: 승패, 불안 등 잡생각이 들어와요. A: 현재 해야 할 동작에 집중해보세요. 예) 감정이 아닌 신체 느낌에 집중하자. 선수: 머리가 하얘져서 생각이 안나요. A: 집중할 수 있는 단서를 만들어보세요. 예) 루틴 지키기, 노트 또는 손등에 동작 적어두기

6. 골프 선수를 위한 Q&A로 본 심리기술훈련

Question	Answer
1. 언제 시작하는가?	시합이 없는 비 시즌기
2. 어떤 심리 기술을 선정하는가?	목표설정, 심상 훈련(이미지 트레이닝), 이완, 주의집중, 자신감 등
3. 얼마나 오래 하는가?	연습 전후에 10~15분, 주당 3~5회
4. 누가 지도하는가?	스포츠 심리 전문가 또는 코치
5. 새로운 심리기술 프로그램을 익히는데 걸리는 시간은?	약 3~6개월
6. 언제까지 계속하는가?	신체 훈련과 시합에 참가하는 한 계속

출처: 원광대학교 보고서(2018).
http://contents2.kocw.or.kr/KOCW/document/2018/wonkwang/leegunchul0404/11.pdf

골프에서 심리적 요소는 경기력에 큰 영향을 미친다. 최적의 경기력을 유지하기 위해서는 감정 조절, 집중력 향상, 심리적 흐름 상태 달성, 심리적 장애물 극복 등의 전략이 필요하다. 이러한 심리적 요소를 강화하는 것은 골프 실력 향상의 중요한 요소이며, 이를 위한 지속적인 훈련과 연습이 필요하다. 다음 장에서는 구체적인 심리 훈련 기법과 실전 적용법에 대해 다룰 것이다.

제3장. 골프는 멘탈 게임이다

제3장. 골프는 멘탈 게임이다

골프를 단순한 스포츠로 여기는 사람들이 많지만, 사실 골프는 인생의 축소판과도 같다네. 골프에서의 성공은 기술적인 면도 중요하지만, 정말 중요한 건 바로 마음가짐과 태도라고 할 수 있어.

여느 인생의 여정과 마찬가지로, 골프에서도 목표를 세우고 도전하며 실수를 겪고 극복해 나가는 과정이 필수적이지. 그런데 이런 과정에서 과연 누가 승리할까? 바로 마음가짐이 올바른 사람들이라고 할 수 있지.

당신이 골프를 열심히 연습한다고 해서 반드시 실력이 늘어나는 건 아니야. 중요한 건 그 과정에서 긍정적인 마음가짐을 갖고 도전하고 극복해 나가는 태도라고 봐. 마음의 준비가 되어 있지 않다면, 아무리 기술적으로 뛰어나다고 해도 결국 한계에 부딪힐 수밖에 없을 것이다.

골프를 통해 우리는 인내심, 집중력, 자신감 등 삶에 필요한 많은 역량들을 기를 수 있어. 그렇기에 골프는 단순한 스포츠가 아니라 인생의 축소판이라고 할 수 있어. 골프를 통해 자신의 마음가짐과 태도를 점검하고 발전시켜 나간다면, 삶의 여정에서도 큰 도움이 될 거라고 확신해.

1. 심리적 강인함이 스코어를 결정한다

골프는 단순한 스포츠가 아니라 마음가짐과 태도가 매우 중요한 인생의 축소판이라고 할 수 있겠네. 마치 인생처럼 골프는 단순히 기술만으로는 성공할 수 없어. 오히려 마음가짐과 멘탈이 실력 향상에 결정적인 영향을 미치지.

골프에서 가장 중요한 것은 바로 멘탈이라고 봐. 세계적인 프로 골퍼들도 연습만으로는 부족해! 그들은 정신력 훈련에 많은 시간과 노력을 기울여 왔지. 멘탈이 강해야 골프에서의 스트레스와 어려움을 극복하고 일관된 플레이를 이어갈 수 있어.

골프를 잘하는 사람들의 공통점은 바로 멘탈 관리를 철저히 한다는 점이야. 그들은 긍정적인 마음가짐과 강한 의지력으로 어려운 상황을 극복하고 최선을 다하지. 골프에서의 성공은 단순히 몸의 기술만으로는 부족해. 골프는 정신의 게임이라고 봐도 과언이 아니다.

골프는 단순한 신체적 능력만으로 승부가 결정되지 않는다. 실제로 프로 골퍼들은 골프의 90%가 멘탈 게임이라고 말할 정도로, 심리적 강인함이 경기력에 큰 영향을 미친다. 스윙 기술이 뛰어나더라도 멘탈이 흔들리면 안정적인 경기 운영이 어렵고, 반대로 심리적으로 강한 선수는 위기에서도 흔들리지 않고 경기력을 유지할 수 있다.

■ **심리적 강인함이 중요한 이유**
- **긴장과 불안 조절**:
중요한 순간일수록 심리적 압박을 효과적으로 조절하는 것이 필요하다.
- **실수 후 회복력**: 실수를 하더라도 다음 샷에 집중할 수 있는 능력이 필요하다.
- **경기 흐름 유지**: 안정적인 경기 운영을 위해 멘탈 훈련이 필수적이다.

2. 세계적인 골퍼들의 멘탈 트레이닝 사례

 세계적인 골퍼들은 멘탈 강화를 위해 다양한 트레이닝을 진행한다. 그들의 멘탈 트레이닝 사례를 분석해 보면, 공통적으로 집중력 유지, 감정 조절, 자신감 강화에 초점을 맞추고 있음을 알 수 있다.

■ **대표적인 사례**

▶ **타이거 우즈(Tiger Woods)**
- 시각화 훈련(Visualization)을 활용하여 경기 전에 모든 샷을 머릿속에서 미리 경험.
- 강력한 루틴 유지로 경기 중 심리적 안정 확보.

▶ **잭 니클라우스(Jack Nicklaus)**
- 경기 중 실수를 해도 긍정적인 마인드 유지.
- 목표를 명확히 설정하여 전략적인 플레이 진행.

▶ **조던 스피스(Jordan Spieth)**
- 경기 중 긴장감을 낮추기 위해 루틴을 철저히 준수.
- 자신감을 유지하기 위한 긍정적 자기 대화(Self-Talk) 활용.

3. 멘탈 코칭을 통해 경기력 향상하기

■ **경기력 관리의 중요성**

 경기력이란 무엇일까? 흔히 경기력이라고 말하면 선수의 기술적, 체력적 능력을 떠올리지만 그 이면에는 선수 개인의 심리적 상태와 관리가 매우 중요한 역할을 한다. 심리적 안정과 긍정적인 마음가짐이 뒷받침되지 않는다면, 아무리 뛰어난 실력을 가지고 있어도 경기에서 최선을 다할 수 없게 되는 것이다.
 골프 선수들 사이에서도 경기력 관리의 중요성이 날로 커져가고 있다. 과거에는 단순히 기술 연마와 체력 관리에만 집중했지만, 최근에는 선수 개개인의 심리적 상태와 관리에 더 많은 관심을 기울이고 있다. 탁월한 실력을 가진 선수라도 심리적 요인으로 인해 경기에서 좋은 결과를 내지 못하는 경우를 쉽게 볼 수 있기 때문이다.

경기력을 향상시키기 위해서는 선수 개인의 심리적 상태를 꾸준히 모니터링하고 관리해 나가는 것이 매우 중요하다. 과도한 스트레스나 긴장감, 집중력 저하, 부정적인 마음가짐 등이 발생하지 않도록 사전에 방지하고 대처해 나가는 것이 필요하다. 이를 위해 선수들은 멘탈 코칭을 받거나 직접 다양한 멘탈 기법을 익혀 활용해볼 수 있다.

예를 들어 호흡 조절이나 긍정적 자기암시와 같은 기법을 통해 경기 전 긴장감을 낮출 수 있고, 상상력과 시각화 훈련으로 경기 중 집중력을 높일 수 있다. 또한 목표 설정과 동기 부여 전략으로 선수 개인의 의지와 열정을 북돋워 줄 수 있다. 이처럼 다양한 심리적 기법들을 선수 개인의 특성과 상황에 맞게 적절히 활용한다면, 경기력 향상을 위한 든든한 밑바탕이 될 수 있을 것이다.

경기력 관리에는 때로는 슬럼프나 입스와 같은 심리적 장애물이 발생할 수 있다. 이런 경우에는 그 원인을 빨리 파악하고 체계적으로 대처해 나가는 것이 중요하다. 전문가의 도움을 받아 심리적 문제를 해결해 나가면서, 동시에 긍정적인 마음가짐과 자신감을 회복하는 것이 필요하다. 이를 통해 선수 개인의 경기력을 지속적으로 유지하고 향상시켜 나갈 수 있을 것이다.

■ 경기력의 정의

골프 선수의 경기력은 단순히 기술적인 능력만을 의미하지 않는다. 실제로 골프 경기에서는 선수의 정신적 상태와 심리적 요인이 큰 영향을 미친다. 선수의 내적 상태가 안정되고 긍정적일 때 비로소 그 기술이 최대한 발휘될 수 있는 것이다.

따라서 골프 경기력은 단순한 스윙 동작이나 기술적 요소뿐만 아니라, 선수의 전반적인 심리 상태와 멘탈 상태를 포함하는 개념이라고 할 수 있다. 이러한 골프 경기력은 객관적으로 측정하기는 쉽지 않지만, 몇 가지 지표를 통해 평가할 수 있다.

먼저 가장 대표적인 것이 승률이다. 꾸준한 우승과 상위 입상은 선수의 종합적인 경기력을 보여주는 가장 중요한 척도라고 할 수 있다. 단순히 스코어만이 아닌 토너먼트 성적과 순위를 통해 선수의 실력을 가늠할 수 있는 것이다.

또한 라운드당 평균 스코어와 퍼팅, 드라이버 평균 비거리 등의 세부적인 기술 지표들도 경기력을 파악하는 데 도움이 된다. 이러한 통계 지표들은 선수의 기술 수준과 일관성을 보여주는 중요한 정보가 된다.

하지만 무엇보다 중요한 것은 선수 개인의 심리 상태와 멘탈 관리 능력이다. 안정된 심리 상태와 효과적인 멘탈 루틴은 경기력 발휘의 필수적인 요소라고 할 수 있다. 따라서 골프 경기력을 평가할 때는 이러한 심리적 측면도 함께 고려되어야 한다.

■ 경기력 저하의 원인

전문가들은 골프 선수들의 경기력이 저하되는 여러 가지 원인을 분석했다.

- **첫째,** 신체적 조건의 변화를 들 수 있다. 연령이 높아지면서 체력이나 기술 수준이 떨어지는 것이 그 대표적인 예다. 또한 부상이나 질병으로 인해 컨디션이 좋지 않은 경우에도 경기력 저하가 발생할 수 있다.

- **둘째,** 정신적 스트레스도 큰 요인이 된다. 경기에 대한 부담감이나 불안감, 집중력 저하 등은 선수들의 실력 발휘를 가로막는다. 특히 중요한 대회를 앞두고 이런 심리적 요인들이 작용하면 더욱 큰 영향을 받게 된다.

- **셋째,** 동기 부여 부족도 문제가 될 수 있다. 오랜 기간 동안 최선을 다해왔지만 결과가 좋지 않으면 선수들은 자신감을 잃기 쉽다. 이런 상황에서는 목표 의식과 승부욕이 약해져 경기력 저하로 이어질 수밖에 없다.

마지막으로 코치와의 갈등이나 팀 내 분위기 악화도 경기력 하락의 원인이 될 수 있다. 선수 개인뿐만 아니라 주변 환경과의 균형이 깨지면 골프 실력 향상에도 부정적인 영향을 미치게 된다.

따라서 골프 선수들은 이러한 다양한 원인을 인지하고 적절한 대처 방안을 마련해야 한다. 단순히 기술적인 부분만이 아닌 정신적·심리적 요인까지 균형있게 관리해야만 비로소 지속적인 경기력 향상을 이룰 수 있는 것이다.

■ 경기력 향상을 위한 멘탈 기법

경기력을 높이기 위해서는 기술적인 부분뿐만 아니라 심리적인 면도 중요하다. 멘탈 코칭을 통해 선수들은 자신의 경기력을 한층 더 끌어올릴 수 있다. 다양한 멘탈 기법들을 활용하면 집중력, 자신감, 긍정적인 마인드셋 등을 기를 수 있다.

먼저 집중력 향상에 도움이 되는 기법들이 있다. 호흡 조절은 선수들이 긴장을 풀고 심신을 안정시키는 데 효과적이다. 심호흡을 하면서 현재에 집중하는 연습을 하면, 경기 중에도 산만한 생각들을 효과적으로 차단할 수 있다. 또한 사전에 루틴을 만들어 두면 경기 상황에서 자연스럽게 실행할 수 있어 집중력을 높일 수 있다.

자신감 향상을 위해서는 긍정적인 자기암시와 시각화 기법을 활용할 수 있다. 경기 전 자신의 실력과 기량을 믿는다는 긍정적인 생각을 반복하면 실제로 그렇게 행동하게 된다. 또한 이상적인 수행 장면을 머릿속에 그려보는 시각화 훈련은 자신감을 높이는 데 도움이 된다. 이를 통해 선수들은 불확실한 상황에서도 능동적으로 대처할 수 있게 된다.

경기력 향상을 위한 또 다른 멘탈 기법으로는 긍정적인 마인드셋 만들기가 있다. 부정적인 생각에 사로잡히지 않고 실패를 두려워하지 않는 태도를 갖추는 것이 중요하다. 실수를 기회로 삼아 다음에 더 잘할 수 있다는 마음가짐을 갖는다면, 선수들은 당면한 어려움을 극복하고 자신의 역량을 최대한 발휘할 수 있다.

이처럼 다양한 멘탈 기법을 체계적으로 익히고 적용하면, 선수들은 경기력 향상을 이뤄낼 수 있다. 단순한 기술적인 연마에 그치지 않고 심리적 측면까지 관리한다면, 골프 선수들은 자신의 능력을 충분히 발휘할 수 있을 것이다.

멘탈 코칭은 선수들의 경기력을 향상시키는 중요한 요소 중 하나다. 단순한 기술 연습만으로는 경기에서 최고의 퍼포먼스를 유지하기 어렵기 때문에, 멘탈 훈련이 병행되어야 한다.

■ 멘탈 코칭의 핵심 요소
- **자신감 구축**: 긍정적인 자기 대화와 성공 경험을 통해 자신감을 강화.
- **스트레스 관리**: 심호흡, 명상 등을 활용하여 긴장을 완화.
- **집중력 향상**: 방해 요소를 최소화하고 경기에 집중하는 훈련.
- **목표 설정과 루틴 확립**: 경기 중 지속적인 루틴을 유지하여 심리적 안정을 찾음.

4. 골프 멘탈 훈련 프로그램 적용 사례

멘탈 훈련 프로그램은 선수들이 심리적 강인함을 기르고 경기에서 최상의 퍼포먼스를 발휘할 수 있도록 돕는다. 다양한 연구와 사례를 통해 멘탈 훈련의 효과가 입증되었다.

■ 대표적인 적용 사례

▶ **PGA 투어 선수들의 멘탈 트레이닝**
- 시각화 훈련과 루틴 개발을 통해 경기력 향상.
- 스포츠 심리학 전문가와의 협업을 통해 심리적 안정 확보.

▶ **아마추어 골퍼를 위한 멘탈 트레이닝 적용 사례**
- 일상적인 루틴과 목표 설정을 통해 경기 집중력 강화.
- 특정 상황(예: 클러치 퍼팅)에서의 멘탈 강화 연습 진행.

5. 멘탈 강화를 위한 루틴 만들기

루틴은 골퍼들이 경기 중 심리적 안정을 유지하고 최고의 집중력을 발휘할 수 있도록 돕는다. 멘탈 강화를 위해 자신만의 루틴을 설정하는 것이 중요하다.

■ 효과적인 루틴 구성 요소

▶ **경기 전 루틴(Pre-Shot Routine)**
- 샷을 하기 전 일정한 행동 패턴 유지.
- 심호흡, 시각화, 목표 확인을 포함한 준비 과정 수행.

▶ **경기 중 루틴(In-Game Routine)**
- 실수 후 감정을 조절하기 위한 짧은 리셋 루틴 활용.
- 일정한 템포와 박자로 플레이하여 경기 리듬 유지.

▶ **경기 후 루틴(Post-Game Routine)**
- 경기 결과를 분석하고 개선할 점을 정리하는 과정.
- 긍정적인 경험을 강화하고 다음 경기를 대비한 전략 수립.

■ 루틴 설정의 핵심
- 자신에게 맞는 루틴을 개발하고 꾸준히 실천할 것.
- 경기 중 변수를 고려하여 유연하게 적용할 것.
- 긍정적인 마음가짐을 유지하며 멘탈 강화를 지속할 것.

골프는 단순한 신체적 기술이 아니라 강한 멘탈이 요구되는 스포츠다. 세계적인 골퍼들은 멘탈 트레이닝을 통해 경기력을 극대화하고 있으며, 멘탈 코칭과 훈련 프로그램은 이를 효과적으로 지원하고 있다.

멘탈 강화를 위해 개인별 맞춤 루틴을 개발하고 지속적으로 적용하는 것이 중요하다. 다음 장에서는 구체적인 멘탈 트레이닝 방법과 실전 적용 전략에 대해 살펴볼 것이다.

제4장. 멘탈 코칭의 필요성과 기본 원리

제4장. 멘탈 코칭의 필요성과 기본 원리

1. 멘탈 코칭의 정의와 목적
멘탈 코칭이란, 골퍼가 경기 중 최상의 심리적 상태를 유지할 수 있도록 돕는 과정이다. 단순히 감정을 조절하는 것이 아니라, 자신감을 키우고, 경기 중 집중력을 높이며, 실수를 빠르게 극복할 수 있도록 하는 데 목적이 있다.

■ 멘탈 코칭의 주요 목적
- **심리적 안정 확보**: 경기 중 스트레스를 줄이고 평정심을 유지.
- **집중력 향상**: 외부 요인에 영향을 받지 않고 플레이에 몰입하는 능력.
- **자신감 강화**: 자기 신뢰를 바탕으로 경기력 극대화.
- **위기 관리 능력 배양**: 실수 후 빠른 회복과 경기 흐름 유지.

멘탈 코칭은 단순한 동기 부여가 아니라, 체계적인 훈련과 연습을 통해 장기적으로 심리적 기술을 향상시키는 과정이다.

2. 효과적인 멘탈 훈련법
멘탈 코칭이 효과를 발휘하려면 체계적인 훈련법이 필요하다. 멘탈 훈련법은 선수의 성향과 목표에 따라 다르게 적용될 수 있다.

■ 대표적인 멘탈 훈련법

▶ **시각화 훈련(Visualization)**
- 경기 전에 이상적인 샷과 스윙을 머릿속으로 이미지화.
- 뇌는 시각화된 장면을 실제 경험처럼 인식하여 경기력 향상에 도움을 줌.

▶ **자기 대화 훈련(Self-Talk)**
- 긍정적인 자기 암시를 통해 불안과 긴장 완화.
- "나는 할 수 있다"와 같은 긍정적 언어를 지속적으로 활용.

▶ **루틴 개발(Routine Development)**
- 경기 전, 경기 중, 경기 후 일정한 패턴을 형성하여 심리적 안정 확보.
- 일관된 루틴을 통해 긴장을 줄이고 경기력 유지.

▶ **호흡 및 이완 기법(Breathing & Relaxation Techniques)**
- 심호흡과 명상을 통해 불안을 조절하고 집중력을 높임.
- 일정한 호흡 패턴을 유지하며 긴장 완화.

3. 멘탈 코칭이 필요한 골퍼 유형
모든 골퍼가 멘탈 코칭을 필요로 하는 것은 아니지만, 특정 유형의 골퍼들에게는 필수적인 과정이다. 다음과 같은 유형의 골퍼들은 멘탈 코칭을 통해 경기력을 극대화할 수 있다.

■ 멘탈 코칭이 필요한 대표적 골퍼 유형
▶ **경기 중 긴장을 많이 하는 골퍼**
- 중요한 순간에 긴장하여 샷이 흔들리는 골퍼.
- 불안과 스트레스를 효과적으로 관리하는 법을 배워야 함.

▶ **실수 후 쉽게 무너지는 골퍼**
- 실수 하나로 인해 경기력이 급격히 저하되는 골퍼.
- 실수를 빠르게 극복하고 다음 샷에 집중하는 법을 익혀야 함.

▶ **집중력이 부족한 골퍼**
- 경기 중 주변 환경에 쉽게 산만해지는 골퍼.
- 집중력 향상을 위한 루틴 형성과 심리적 훈련 필요.

▶ **자신감이 부족한 골퍼**
- 실패에 대한 두려움으로 인해 공격적인 플레이를 하지 못하는 골퍼.
- 자기 신뢰를 키우기 위한 멘탈 훈련이 필요.

4. 골프 멘탈 코칭의 역사와 발전 과정
멘탈 코칭은 비교적 최근에 발전한 개념이지만, 스포츠 심리학과 함께 빠르게 발전해 왔다. 골프 선수들이 멘탈 트레이닝을 활용하기 시작한 역사를 살펴보면, 멘탈 코칭이 왜 중요한지 더욱 명확해진다.

■ 골프 멘탈 코칭의 역사적 흐름

▶ **초창기(20세기 초반)**
- 멘탈 훈련이 거의 이루어지지 않던 시기.
- 선수들은 경험을 바탕으로 심리적 압박을 극복.

▶ **발전기(1950~1980년대)**
- 스포츠 심리학의 연구가 활발해지면서 멘탈 훈련이 주목받기 시작.
- 선수들이 집중력 향상과 긴장 조절을 위한 기본적인 기법을 활용하기 시작.

▶ **현대(1990년대 이후)**
- 멘탈 코칭이 필수적인 훈련 과정으로 자리 잡음.
- PGA 투어 선수들이 전문 스포츠 심리학자와 협력하여 경기력 향상을 도모.

멘탈 코칭은 단순한 심리 상담이 아니라, 경기력을 극대화할 수 있는 체계적인 훈련 과정이다. 효과적인 멘탈 훈련법을 실천하면 골퍼는 경기에서 더욱 높은 성과를 낼 수 있으며, 자신감을 유지하면서 최고의 퍼포먼스를 발휘할 수 있다.

제5장. 목표 설정과 동기 부여

제5장. 목표 설정과 동기 부여

골프에서 목표 설정과 동기 부여는 경기력 향상의 핵심 요소다. 명확한 목표를 가지고 이를 달성하려는 강한 동기가 있을 때 선수들은 더욱 집중력 있게 훈련에 임할 수 있다.

1. 효과적인 목표 설정

목표를 설정할 때는 단순히 "1등을 하겠다"는 막연한 목표가 아니라, **구체적이고 측정 가능한 목표**를 세워야 한다.

예를 들어,
▶ "퍼팅 성공률을 80%로 끌어올리겠다.", 이번 대회에서 2위 안에 들겠다" 와 같은 목표는 보다 실질적인 성과 측정을 가능하게 한다. 또한, **단기·중기·장기 목표를 계층화하여 설정**하는 것이 중요하다.

- **단기 목표**: 다음 라운드에서 벙커 샷 성공률 높이기
- **중기 목표**: 이번 시즌 내 핸디캡 줄이기
- **장기 목표**: 프로 투어 출전하기

이처럼 시간 단위별 목표를 설정하면 지속적인 동기부여가 가능하고, 목표를 달성할 가능성이 높아진다. 목표를 실행하기 위해서는 구체적인 실천 계획도 필요하다. 예를 들어, 핸디캡을 낮추기 위해 **주 2회 연습, 월 1회 라운드, 코치와 상담** 등의 실천 과제를 정하는 방식이다.

■ 동기 부여 전략

동기 부여는 단순히 외적 보상(트로피, 상금)에 집중하는 것이 아니라 **골프 자체에 대한 내적 동기를 키우는 것**이 중요하다. 내적 동기가 강한 선수일수록 훈련을 지속적으로 이어갈 가능성이 높다.

코치는 이러한 선수의 성향과 목표에 맞춰 맞춤형 동기부여 전략을 제공해야 한다.

- **어린 선수**: 작은 목표 달성을 통한 성취감을 경험하도록 유도
- **베테랑 선수**: 새로운 도전 과제를 부여하여 동기 자극

이처럼 체계적인 목표 설정과 동기 부여 전략을 병행하면 선수들은 더 효과적으로 경기력을 향상시킬 수 있다.

2. 골프에서의 현실적인 목표 설정 방법

골프에서 목표를 설정하는 것은 선수의 경기력 향상과 멘탈 강화를 위한 필수적인 과정이다. 목표 설정이 명확하지 않으면 동기 부여가 어렵고, 지속적인 발전을 이루기 힘들다. 현실적인 목표 설정을 위해 다음의 원칙을 고려해야 한다.

■ 목표 설정의 기본 원칙

- **구체성(Specificity)**:
목표는 구체적이고 명확해야 한다. 예를 들어, "퍼팅을 개선하겠다"보다는 "3m 이내의 퍼팅 성공률을 10% 높이겠다"와 같이 설정하는 것이 좋다.

- **측정 가능성(Measurability)**:
목표는 측정할 수 있어야 한다. 스코어, 성공률 등의 객관적인 지표를 설정하는 것이 중요하다.

- **달성 가능성(Achievability)**:
현재 실력과 현실적인 가능성을 고려하여 도전적이지만 달성 가능한 목표를 세워야 한다.

- **관련성(Relevance)**:
목표는 개인의 경기력 향상과 직결되어야 하며, 본인의 장점과 단점을 보완할 수 있어야 한다.

- **기한 설정(Time-bound)**:
목표에는 명확한 기한이 있어야 한다. 예를 들어, "6개월 내에 드라이버 비거리를 20야드 늘리겠다"와 같이 설정해야 한다.

3. 단기·중기·장기 목표 세우기

목표는 단기, 중기, 장기로 구분하여 체계적으로 설정하는 것이 효과적이다.

■ 목표 설정의 단계

- **단기 목표(Short-term Goals)**:
1~3개월 이내에 달성할 수 있는 목표로, 경기력 개선의 기초가 된다. 예: 매일 30분 퍼팅 연습하기.

- **중기 목표(Mid-term Goals):**
  3~12개월 동안 달성할 목표로, 구체적인 경기력 향상을 목표로 한다. 예: 6개월 안에 평균 스코어 3타 줄이기.

- **장기 목표(Long-term Goals):**
  1년 이상 걸리는 목표로, 궁극적인 경기력 발전을 위한 방향성을 제시한다. 예: 3년 내에 핸디캡을 싱글로 만들기.

목표는 지속적인 피드백과 조정을 통해 달성 가능성을 높여야 하며, 단기 목표가 중기 목표로, 중기 목표가 장기 목표로 연결될 수 있도록 설정해야 한다.

4. 동기 부여 전략과 지속적인 실천

동기 부여는 목표를 지속적으로 실천하는 핵심 요소이다. 목표를 설정했더라도 동기가 부족하면 실천하기 어렵다.

■ 동기 부여 전략
- **내재적 동기 강화**: 골프 자체에 대한 즐거움과 성취감을 찾는다.
- **외재적 동기 활용**: 대회 출전, 보상 시스템 등을 활용하여 동기 부여를 강화한다.
- **성취 경험 기록**: 작은 성공을 기록하고 이를 바탕으로 성취감을 느낀다.
- **멘탈 훈련 병행**: 긍정적 자기 암시, 시각화 훈련 등을 통해 스스로를 격려한다.
- **지속적인 피드백과 조정**: 목표 달성도를 평가하고 필요하면 목표를 조정한다.

5. 성공적인 골퍼들의 목표 설정 사례

세계적인 골퍼들은 명확한 목표를 설정하고 이를 꾸준히 실천해왔다.

■ 사례 분석

▶ 타이거 우즈(Tiger Woods)
- 어릴 때부터 장기적인 목표를 설정하고 철저한 훈련 계획을 세움.
- 특정 스윙 기술과 경기 전략을 개선하기 위한 세부 목표를 설정하여 지속적으로 발전.

▶ 로리 맥길로이(Rory McIlroy)
- 단기 목표로 특정 기술 개선을 설정 및 중장기 목표로 메이저 대회 우승을 목표로 함.
- 매 시즌 목표를 평가하고 조정하는 루틴을 유지.

▶ 박세리(Park Se-ri)
- 한국 여성 골퍼들의 롤모델로서, 철저한 목표 설정과 훈련을 통해 LPGA에서 성공.
- 장기적인 목표를 달성하기 위해 체계적인 루틴을 형성하고 실행.

6. 동기 부여를 위한 심리적 전략

멘탈적인 요소도 목표 달성과 밀접한 관련이 있다. 심리적 전략을 활용하면 지속적인 동기 부여와 목표 달성이 가능하다.

■ **효과적인 심리적 전략**

▶ **긍정적 자기 대화(Self-Talk)**
- 부정적인 생각을 차단하고 긍정적인 마인드를 유지.
- "나는 할 수 있다"와 같은 자기 암시를 반복.

▶ **시각화 훈련(Visualization)**
- 목표 달성 후의 모습을 상상하고 이를 현실화하는 연습.
- 경기 중 중요한 순간을 미리 머릿속으로 시뮬레이션.

▶ **루틴 확립(Routine Establishment)**
- 연습과 경기 중 일정한 루틴을 유지하여 심리적 안정감을 확보.
- 반복적인 패턴을 통해 자신감을 유지.

▶ **목표 달성 보상 시스템(Reward System)**
- 목표를 달성할 때마다 작은 보상을 부여하여 지속적인 동기 유지.
- 성취감을 느낄 수 있도록 성과를 기록하고 축하하는 습관 형성.

골프에서 목표 설정과 동기 부여는 경기력 향상과 멘탈 강화를 위한 필수적인 요소다. 현실적이고 측정 가능한 목표를 설정하고, 이를 지속적으로 실천하기 위한 동기 부여 전략을 활용하면 장기적인 발전이 가능하다. 또한, 세계적인 골퍼들의 사례를 통해 효과적인 목표 설정과 실천 방법을 학습할 수 있다.

제6장. 심리적 요소의 종류와 관리 방법

제6장. 심리적 요소의 종류와 관리 방법

자신감은 골프 경기에서 중요한 요소다. 단순한 긍정적 사고가 아니라, 철저한 준비와 지속적인 노력에서 비롯된다.

1. 자신감: 경기력의 핵심

자신감은 골프에서 경기력을 결정하는 가장 중요한 심리적 요소 중 하나다. 자신감이 높은 골퍼는 실수에도 쉽게 흔들리지 않고, 중요한 순간에도 침착한 플레이를 유지할 수 있다. 반면 자신감이 부족한 골퍼는 작은 실수에도 위축되고 경기 흐름을 놓칠 가능성이 높다.

■ 자신감 있는 플레이를 위한 준비

▶ 자신감을 키우기 위해서는 **기술적·전략적·정신적 준비**가 필수적이다.

- **기술적 준비**: 스윙, 퍼팅, 어프로치 등 다양한 샷을 반복 연습
- **전략적 준비**: 코스를 분석하고, 실제 환경에서 다양한 상황을 경험
- **정신적 준비**: 시각화 훈련과 자기암시 기법 활용

예를 들어, 코스를 돌며 실전 감각을 익히고, 경기 전 시각화를 통해 자신이 원하는 샷을 머릿속으로 이미지화하는 연습이 효과적이다. 이러한 준비 과정을 거치면 경기장에서 흔들림 없이 자신 있는 플레이를 펼칠 수 있다.

■ 자신감을 높이는 방법

- **성공 경험 축적**: 과거 성공 경험을 떠올리고 이를 반복적으로 시각화한다.
- **긍정적 자기 대화**: "나는 할 수 있다"와 같은 긍정적인 자기 암시를 사용한다.
- **철저한 준비**: 연습을 충분히 해서 자신의 능력에 대한 신뢰를 높인다.
- **목표 설정**: 달성 가능한 목표를 설정하고 이를 단계적으로 성취해 나간다.
- **실패를 학습 기회로 활용**: 실수를 성장의 기회로 삼고 긍정적인 자세를 유지한다.

2. 집중력: 한타 한타에 몰입하는 방법

집중력은 골프 경기에서 일관된 성과를 유지하는 데 필수적인 요소다. 한순간의 방심이 경기 결과에 큰 영향을 미칠 수 있기 때문에, 집중력을 훈련하고 유지하는 것이 중요하다.

■ 집중력을 유지하는 방법

- **루틴 개발**: 일정한 샷 루틴을 만들어 경기 중 집중력을 유지한다.
- **주의 전환 기술 활용**: 방해 요소가 발생할 경우, 특정 루틴을 통해 다시 집중한다.
- **마인드풀니스 훈련**: 현재 순간에 몰입하는 연습을 통해 집중력을 키운다.
- **목표 기반 플레이**: 각 홀, 각 샷마다 목표를 설정하여 집중을 유지한다.
- **피로 관리**: 체력과 정신력이 집중력 유지에 영향을 미치므로, 적절한 휴식과 영양 섭취를 병행이 중요하다.

■ 자신감 유지 방법

자신감을 지속적으로 유지하는 것은 쉽지 않지만, 몇 가지 전략을 활용하면 효과적으로 관리할 수 있다.

- **긍정적 자기암시**: "나는 최고의 골퍼다", "오늘도 최고의 플레이를 할 것이다" 같은 문장을 반복하며 긍정적인 사고를 습관화
- **작은 성취 인정하기**: 퍼팅 성공률이 올랐다면 이를 인정하고 스스로 격려
- **성공 경험 떠올리기**: 과거 잘했던 경기나 샷을 회상하며 자신감을 강화
- **피드백 활용하기**: 코치와 동료 골퍼들에게 피드백을 받아 객관적인 강점과 약점을 분석

이러한 방법을 통해 자신감을 지속적으로 유지하면 경기 중 심리적 동요를 줄이고 최상의 퍼포먼스를 발휘할 수 있다.

골프에서 목표 설정과 동기 부여, 그리고 자신감 있는 플레이는 경기력 향상의 필수 요소다. 구체적인 목표를 설정하고 실천 계획을 세우며, 내적 동기를 자극하는 방식으로 훈련에 임해야 한다. 또한 철저한 준비를 통해 자신감을 형성하고, 이를 지속적으로 유지하는 전략을 병행한다면 경기장에서 더욱 안정적이고 성공적인 결과를 만들어낼 수 있을 것이다.

3. 감정 조절: 스트레스와 불안 다스리기

골프에서 감정 관리가 중요한 이유는 무엇일까? 골프는 경기 중 감정 기복이 심하게 나타날 수 있는 스포츠다. 감정을 조절하지 못하면 경기 흐름이 깨지고 실수가 반복될 가능성이 커진다. 골프는 단순한 몸의 동작이 아니라 마음의 움직임이 큰 영향을 미치는 스포츠이기 때문이다. 자신의 감정을 잘 인지하고 조절할 수 있다면, 골프 실력 향상에 큰 도

움이 될 것이다. 어떤 감정을 어떻게 다뤄야 할지 구체적으로 살펴보자.

먼저, 자신의 감정을 정확히 인식하는 것이 중요하겠지. 플레이 중에 어떤 감정이 드는지, 그 감정의 강도는 어느 정도인지 민감하게 파악해야 한다. 예를 들어 실수를 했을 때 짜증이 올라오거나, 어려운 상황에서 불안감이 엄습해 올 때 이를 빨리 인지할 수 있어야 한다. 자신의 감정 상태를 정확히 파악하는 능력은 감정 관리의 기본 토대가 된다.

그리고 이렇게 인식한 감정을 효과적으로 다루는 방법을 알아야겠지. 실수로 인한 짜증은 깊이 파고들기 전에 빨리 인정하고 받아들이는 것이 중요하다. 동시에 그 실수에서 배울 점이 무엇인지 냉정히 살펴봐야 한다. 불안감이 밀려올 때는 심호흡을 하거나 긍정적인 자기 암시를 하면서 마음을 진정시키는 것도 좋은 방법이다. 이처럼 자신의 감정을 의식적으로 관리하고 조절하는 연습이 필요하다.

나아가 긍정적인 감정을 골프에 적극 활용할 수 있어야 한다. 성공적인 샷을 하고 나서 느끼는 희열이나 자부심 등의 감정을 충분히 음미하고, 그 기분을 다음 샷에서도 재현하려 노력하는 것이다. 자신감과 집중력을 높이는 데 이런 긍정적 감정이 큰 도움이 될 것이다.

결국 골프에서의 성과는 실력도 중요하지만, 감정을 얼마나 잘 다룰 수 있느냐에 달려 있다고 해도 과언이 아니다. 자신의 감정 상태를 정확히 파악하고, 그 감정을 적절히 조절하며, 긍정적인 감정을 활용할 수 있는 능력을 기른다면, 골프 실력 향상을 위한 든든한 기반을 갖출 수 있을 것이다.

■ 타깃 집중은 마음의 눈으로 한다

골프에서 정신적으로 타깃에 집중하는 것은 매우 중요하다. 단순히 육체적으로만 타깃을 향하는 것이 아니라, 마음의 눈으로도 타깃을 명확히 인식해야 한다. 공을 치는 순간, 아니 그 이전부터 플레이어의 내면에서 타깃이 선명히 그려져 있어야 한다. 그렇지 않으면 신체의 동작이 정확하더라도 결과가 제대로 나오지 않는다.

타깃에 대한 정신적 집중은 단순한 시각적 집중을 넘어선다. 플레이어는 타깃의 거리와 방향, 그리고 지형 등을 샷에 반영해야 한다. 이를 위해서는 마음의 눈으로 타깃을 입체적으로 파악하고 있어야 한다. 실제로 많은 프로 골퍼들은 자신의 마음속에 타깃을 정확히 그려내고 그 이미지를 스윙에 옮기는 것으로 알려져 있다.

정신적 집중력은 기술적 완성도와 함께 골프 실력의 핵심이다. 아무리 기술이 뛰어나도 타깃에 대한 집중력이 부족하다면 결과는 원하는 대로 나오기 힘들 것이다. 따라서 플레이어는 타깃에 대한 정신적 이미지를 명확히 하는 것에 많은 노력을 기울여야 한다. 오직 마음의 눈으로만 바라보는 타깃에 집중할 때 비로소 완벽한 샷을 구현할 수 있는 것이다.

■ 느낌을 표현하라

골프에서 '느낌을 표현하라'라는 것은 무척이나 중요한 부분이다. 우리는 때때로 맞춤법이나 문법에 얽매여 자신의 감각을 적절하게 표현하지 못하곤 한다. 하지만 정작 골프 실력 향상에는 그러한 형식적 요소보다는 자신이 느끼는 감각을 있는 그대로 표현하는 것이 훨씬 더 도움이 된다.

자신만의 고유한 스윙 감각을 잘 파악하고 있다면, 이를 언어로 잘 표현할 수 있어야 한다. 예를 들어 "이 샷은 부드럽고 편안한 느낌이 든다"라고 말할 수 있겠지. 이렇게 자신이 느끼는 바를 구체적으로 표현하면, 코치나 스윙 파트너에게 자신의 상태를 잘 전달할 수 있다. 그리고 이를 바탕으로 더 나은 조언을 얻을 수 있게 되는 것이다.

또한 자신의 감각을 잘 표현할 수 있다는 것은 자신감의 표현이기도 하다. 주변에서 "어떤 느낌이야?"라고 물어보면 망설임 없이 "이 샷은 좀 강했던 것 같아요"라고 말할 수 있어야 한다. 이렇게 자신의 감각을 믿고 표현할 줄 안다면, 그만큼 자신감 있게 골프를 즐길 수 있을 거다.

물론 처음부터 완벽하게 자신의 느낌을 표현할 수 있는 건 아니다. 하지만 꾸준히 연습하다 보면, 점차 자신의 감각을 언어화하는 능력이 늘어날 것이다. 스스로 느낀 바를 적절히 표현할 수 있게 되면, 코치나 파트너로부터 더 나은 조언을 얻을 수 있고, 결과적으로 골프 실력 향상에도 큰 도움이 될 거다. 그러니 자신만의 감각을 믿고 솔직하게 표현하는 습관을 기르도록 하자.

■ 움직이는 공처럼 다뤄라

타깃을 정확하게 인식하고 집중하는 것만큼이나 골프에서 공의 움직임을 이해하고 적절히 대응하는 것도 중요하다. 공은 우리가 컨트롤할 수 있는 대상이 아니라 예측하기 어려운 변수로 작용하기 때문이다. 그러므로 공의 움직임을 정확히 읽어내고 이에 맞춰 유연하게 대처하는 능력이 필요하다.

공이 날아가는 궤적, 튀어오르는 높이, 구르는 속도 등을 꼼꼼히 관찰하고 분석해야 한다. 이를 바탕으로 적절한 클럽을 선택하고 스윙 강도를 조절할 수 있다. 때로는 예상치 못한 변수가 발생하기도 하는데, 그럴 때마다 침착하게 대처하는 연습이 필요하다.

공의 움직임에 대한 깊이 있는 이해와 유기적인 대응은 골프를 더욱 재미있게 만들어준다. 상황에 맞는 적절한 판단과 동작으로 공을 자유자재로 다룰 수 있게 되면, 아쉬움 없이 멋진 샷을 해낼 수 있다. 이처럼 공의 움직임을 꿰뚫어보고 이에 맞춰 최선을 다하는 자세가 진정한 골프 마스터의 자질이라고 할 수 있다.

■ 자신의 스윙

우리가 골프에서 가장 중요한 것은 바로 우리만의 스윙 스타일을 개발하고 유지하는 것이다. 왜냐하면 스윙은 골퍼의 신체적 특성과 성향을 반영하기 때문이지. 다들 똑같은 스윙을 할 수는 없는 노릇이다. 각자의 체형, 유연성, 근력 등이 다르기 때문에 똑같은 스윙을 구사할 순 없을 것이다.

그렇기에 자신만의 스윙 스타일을 개발하고 그것을 꾸준히 유지하는 게 중요해. 처음에는 많은 연습과 노력이 필요하겠지만, 시간이 지나면서 자연스럽고 편안한 스윙을 구사할 수 있게 될 것이다. 자신만의 고유한 스윙 리듬을 찾아내고 그것을 연마해 나가는 게 중요하다.

스윙 동작 하나하나에 집착하지 말고, 전체적인 흐름과 리듬을 중요하게 여기라고. 자신의 어깨 움직임, 무릎 굽힘, 체중 이동 등을 잘 살펴보면서 자신만의 스윙을 개발해 나가는 것이다. 이렇게 자신만의 스윙 스타일을 완성하면 언제 어디서든 편안하고 일관성 있는 샷을 구사할 수 있을 것이다.

■ 감정 인식하기

골프에서의 감정 관리는 성공적인 플레이를 위한 필수 요소라고 할 수 있다. 그중에서도 자신의 감정을 인식하고 이해하는 것은 매우 중요하다.

자신의 감정을 깊이 있게 바라보는 것은 쉽지 않은 과제이다. 하지만 기술과 체력만큼이나 정신적인 부분도 골프 실력 향상에 큰 영향을 미친나는 점을 인지해야 한다. 감정을 무시하거나 억누르기보다는 이를 자각하고 적절히 다루는 것이 중요하다.

예를 들어, 경기 중 긴장감이나 초조함을 느낀다면 이를 인정하고 받아들이는 것이 도움이 된다. 단순히 그런 감정을 억누르려 들지 말고, 왜 그런 감정이 드는지 파악해 보는 것이 좋다. 그리고 그에 맞는 대처 방법을 모색하면 된다.

때로는 고민 끝에 답을 찾지 못하는 상황도 있을 수 있다. 하지만 포기하지 말고 지속적으로 자신의 감정을 관찰하고 이해하려 노력해야 한다. 감정에 휩싸여 혼란스러워하기보다는 이를 객관적으로 바라보고 분석하는 자세가 필요하다.

결국 골프에서의 성공은 실력과 더불어 정신적인 부분에서의 관리에 달려 있다고 할 수 있다. 감정 인식과 이해는 바로 그 출발점이 되는 것이다.

■ 부정적인 감정 다루기

골프를 하다 보면 때때로 부정적인 감정들이 몰려옵니다. 실수를 했을 때의 좌절감, 실패에 대한 두려움, 경기 중 긴장감 등이 그렇죠. 하지만 이러한 감정들을 잘 다루지 못하면 오히려 플레이에 악영향을 끼칠 수 있어. 그래서 부정적인 감정을 효과적으로 관리하는 법을 배워야 한다.

먼저, 자신의 감정을 잘 인식하는 게 중요해. 지금 내가 어떤 감정을 느끼고 있는지 정확히 파악하고 인정하는 것이다. 그리고 그 감정이 생긴 이유를 생각해봐. 왜 이런 감정이 들었는지 객관적으로 분석하면 그 감정을 좀 더 이해할 수 있을 것이다.

그 다음엔 부정적 감정에 압도되지 않도록 감정 조절 기술을 배워야 해. 깊은 호흡하기, 명상하기, 자기 대화 하기 등의 방법을 연습하면 감정을 효과적으로 다룰 수 있어. 이렇게 감정을 조절하면서 동시에 긍정적인 마음가짐을 가져보는 것도 좋은 방법이야. 현재에 집중하고 성공을 상상하면서 자신감을 되찾는 것이다.

물론 부정적인 감정을 완전히 없앨 순 없겠지만, 그런 감정들을 잘 관리하면 더 좋은 집중력과 플레이를 보여줄 수 있어. 골프에서 감정 관리는 매우 중요한 부분이니까, 지속적으로 노력해서 부정적 감정을 잘 다루는 법을 익히도록 하자.

■ 긍정적인 감정 활용하기

골프에서 긍정적인 감정을 활용하는 것은 실력 향상을 위해 매우 중요하다. 부정적인 감정에 휩싸이면 집중력도 떨어지고 스윙에도 악영향을 끼치게 된다. 하지만 긍정적인 마음가짐을 갖고 플레이한다면 그 효과는 크다.

먼저, 성공적인 샷을 상상하며 기쁨과 자신감을 느껴보자. 그 기분을 마음속에 새기고 실제 샷을 할 때 그 긍정적인 감정을 불러낼 수 있다. 이렇게 기분 좋은 감정을 동원하면 집중력이 높아지고 스트레스도 줄어들어 편안한 플레이가 가능하다.

또한 라운드 중에 선배들의 격려나 응원의 말을 듣게 되면 힘이 솟는다. 이런 긍정적인 감정을 골프장으로 가져와 힘든 상황에서도 극복할 수 있는 원동력이 된다. 골프는 혼자서도 하지만 때로는 동료들의 지지가 필요한 스포츠이기에, 서로를 격려하는 분위기를 만들어 나가는 것도 좋은 방법이다.

마지막으로 그동안 열심히 노력한 결과를 인정받으면 큰 보람을 느낄 수 있다. 꾸준히 실력을 쌓아왔다는 사실을 인정받으면 앞으로도 계속해서 발전할 수 있다는 자신감이 생긴다. 이런 긍정적인 경험들을 쌓아갈수록 골프에 대한 애착도 깊어지고 실력 향상으로 이어질 것이다.

■ 감정 조절 기술

골프에 있어서 감정 조절은 매우 중요한 기술이다. 어떤 상황에서든 자신의 감정을 효과적으로 다룰 수 있어야만 그 순간의 집중력과 안정감을 유지할 수 있다. 그러므로 다양한 감정 조절 기술을 연습하고 익히는 것이 필수적이라고 할 수 있겠다.

먼저, 깊은 호흡 기술을 익히는 것이 중요하다. 긴장된 상황에서 천천히 깊게 숨을 들이마시고 내뱉는 것만으로도 마음이 진정되는 것을 경험할 수 있을 것이다. 이처럼 호흡 조절은 스트레스를 낮추고 집중력을 높이는 데 큰 도움이 된다.

또한 자기 암시와 긍정적 자기 대화도 중요한 감정 조절 기술이다. 골프를 하면서 "괜찮아, 잘할 수 있어" 혹은 "이번에는 잘할 거야"라고 끊임없이 말하다 보면 자신감이 생기고 부정적인 감정들이 줄어들 것이다. 이렇게 긍정적인 마음가짐을 유지하는 것이 중요하다.

마지막으로 이미지 훈련도 효과적인 감정 조절 기술이다. 원하는 결과를 머릿속으로 상상하며 연습하다 보면 실제 경기에서도 그와 유사한 상황을 처리하는 데 큰 도움이 된다. 이처럼 다양한 감정 조절 기술들을 꾸준히 연습하고 익히는 것이 중요하다.

■ **감정 조절 전략**
- **심호흡과 이완 기법**:
  긴장되는 순간 심호흡을 통해 안정감을 찾는다.

- **감정 기록**:
  경기 후 자신의 감정을 기록하고 조절 방법을 분석한다.

- **긍정적인 루틴 활용**:
  감정을 안정시키는 특정한 동작(예: 클럽 잡고 깊이 숨쉬기)을 실천한다.

- **경기 중 감정 리셋**:
  실수 후 빠르게 감정을 정리하고 다음 샷에 집중한다.

- **스트레스 관리**:
  경기 외적인 생활에서 스트레스를 최소화하여 경기 중 감정 기복을 줄인다.

4. 골프에서의 심리적 피로 관리법

골프는 장시간 집중해야 하는 스포츠이므로, 심리적 피로가 누적되면 경기력이 급격히 저하될 수 있다. 이를 방지하기 위해 심리적 피로를 효과적으로 관리하는 방법을 익혀야 한다.

■ **심리적 피로를 줄이는 방법**
- **적절한 휴식 제공**: 경기 중간중간 짧은 휴식을 통해 정신적인 리프레시를 한다.
- **심리적 리커버리 루틴**: 경기 후 충분한 회복 시간을 갖고 스트레스를 해소한다.
- **균형 잡힌 라이프스타일 유지**: 운동, 영양, 수면을 관리하여 심리적 회복력을 기른다.
- **정신적 에너지 관리**: 중요 경기 전 에너지를 비축 및 불필요한 정신적 소모를 줄인다.
- **멘탈 트레이닝 활용**: 명상, 시각화 훈련 등을 통해 피로 회복을 돕는다.

골프에서 심리적 요소는 경기력에 큰 영향을 미친다. 자신감을 높이고 집중력을 유지하며 감정을 조절하는 것은 안정적인 경기 운영의 핵심이다. 또한, 심리적 피로를 효과적으로 관리하는 것은 경기력을 지속적으로 유지하는 데 필수적인 요소다. 이러한 심리적 훈련을 꾸준히 실천하면 골퍼는 최상의 경기력을 발휘할 수 있으며, 장기적으로 더욱 성장할 수 있다.

제7장. 실수 관리와 긍정적인 사고

제7장. 실수 관리와 긍정적인 사고

1. 골프는 실수의 게임이다

골프는 완벽한 플레이가 아닌 실수를 어떻게 관리하느냐에 따라 결과가 달라지는 경기다. 모든 골퍼는 실수를 한다. 프로 선수들도 한 라운드에서 여러 번 실수를 하지만, 중요한 것은 실수를 대하는 태도와 이후의 대응이다.

골프를 하다 보면 누구나 실수를 하게 마련이야. 실수는 골프에서 피할 수 없는 부분이지만, 이를 어떻게 받아들이고 극복하느냐가 중요해. 실수에 대한 부담감이나 두려움에 사로잡히면 오히려 플레이가 더 나빠질 수 있어. 대신 실수를 자연스러운 과정으로 받아들이고, 실수로부터 배울 점을 찾아야 해.

실수는 성장의 기회야. 실수를 통해 나의 약점을 발견할 수 있고, 이를 보완하기 위한 노력을 할 수 있어. 마음을 열고 실수를 반성하면 다음에 더 나은 플레이를 할 수 있게 되는 것이다. 물론 실수 때문에 초조해지거나 좌절감을 느낄 수도 있겠지만, 그런 감정들을 조절하고 극복하는 힘을 길러야 한다.

실수를 해결하는 가장 중요한 방법은 긍정적인 마음자세야. 실수를 두려워하지 말고 도전하는 자세로 임해. 실수를 겪고도 포기하지 않고 다시 일어서는 것, 그것이 골프의 참맛이라고 할 수 있어. 실수를 두려워하지 않고 담담히 받아들이는 자세가 필요하다는 뜻이다.

실수는 부끄러워할 일이 아니라 배울 점이 있는 일이야. 골프는 실수를 피할 수 없는 게임이지만, 그것을 극복하고 성장할 수 있는 기회가 되는 것이다. 마음의 준비만 되어 있다면 실수로부터 크게 위축되지 않고 당당히 도전할 수 있을 것이다.

■ 골프에서 실수가 필연적인 이유

- **변수가 많은 스포츠**: 날씨, 코스 상태, 심리적 요소 등 다양한 요인이 경기력에 영향을 준다.

- **기술적 완벽함이 어려움**:
골프 스윙은 정밀한 기술이 요구되며, 한 타 한 타마다 미세한 차이가 발생할 수 있다.

- **멘탈의 영향**: 심리 상태가 경기력에 영향을 미쳐, 작은 실수에도 흔들릴 가능성이 있다.

2. 실수를 대하는 올바른 태도

실수를 줄이는 것보다 중요한 것은 실수를 한 이후의 태도다. 부정적인 감정을 극복하고 빠르게 다음 플레이로 전환하는 능력이 좋은 골퍼와 그렇지 않은 골퍼의 차이를 만든다.

■ 실수를 대하는 긍정적인 태도

- 즉각적인 수용:
  실수를 인정하고 원인을 분석한 뒤 받아들이는 자세.

- 감정 조절:
  실수로 인해 과도한 스트레스를 받지 않도록 호흡 조절과 긍정적인 자기 암시 활용.

- 다음 샷에 집중:
  과거의 실수를 곱씹지 않고 다음 샷에 집중하는 습관 형성.

- 실수의 가치 인정:
  실수를 학습의 기회로 삼아 장기적인 경기력 향상으로 연결.

3. 실패 경험을 성장의 기회로 만들기

실패는 성장의 필수적인 과정이다. 한 번의 실수가 경기의 패배로 직결되는 것이 아니라, 어떻게 대응하고 발전하느냐가 중요하다.

■ 실패를 성장으로 전환하는 방법

- 실패 분석:
  실수의 원인을 객관적으로 분석하여 개선할 점을 파악.

- 성공 경험과 비교:
  과거 성공한 경험과 실수를 비교하여 차이점을 찾고 교정.

- 멘탈 트레이닝 병행:
  명상, 자기 암시, 시각화 훈련 등을 통해 실수로부터 빠르게 회복 연습.

- 장기적인 목표 설정:
  실수를 통해 배운 점을 활용하여 보다 발전된 목표 설정.

4. 멘탈 회복을 위한 심리적 훈련

멘탈 회복력(Resilience)은 골퍼가 실수 후 빠르게 정상적인 경기력으로 돌아오는 데 중요한 역할을 한다. 멘탈 회복력을 기르기 위해 다양한 심리적 훈련이 필요하다.

■ 멘탈 회복력을 강화하는 심리적 훈련법

- **심호흡 및 이완 훈련:**
  긴장과 스트레스를 낮추는 호흡법과 명상 연습.

- **긍정적인 자기 대화:**
  실수 후 자신을 비난하는 대신 "다음 샷에 집중하자" 같은 긍정적인 문구 활용.

- **시각화 훈련:**
  실수를 극복하고 성공적인 샷을 하는 장면을 머릿속으로 연습.

- **감정 전환 기술 습득:**
  실수로 인해 화가 날 때, 특정한 몸짓(예: 손 흔들기)으로 감정을 리셋하는 방법 연습.

- **루틴 유지:**
  실수 후에도 일관된 루틴을 유지하여 안정된 심리적 상태를 유지.

골프에서 실수는 피할 수 없는 요소이지만, 실수를 관리하는 능력이 뛰어난 골퍼가 결국 승리한다. 실수를 긍정적으로 받아들이고, 성장의 기회로 활용하며, 멘탈 회복 훈련을 지속적으로 실시하면 경기력 향상에 큰 도움이 된다.

제8장. 선수 멘탈 관리 전략

제8장. 선수 멘탈 관리 전략

1. 선수 멘탈 관리

골프에서 선수들의 멘탈 관리는 경기력 향상을 위해 매우 중요한 부분이다. 선수 개개인의 멘탈 상태와 스트레스 수준이 경기 결과에 큰 영향을 미치기 때문이다. 따라서 골프 선수들은 자신의 감정을 인식하고 조절하는 능력을 키워나가야 한다.

자기 인식과 감정 조절은 멘탈 관리의 핵심 요소다. 선수들은 평소에 자신의 감정 상태를 잘 파악하고, 불안이나 긴장감 등의 부정적인 감정을 적절히 통제할 수 있어야 한다. 이를 통해 경기에 집중할 수 있고, 실수를 최소화할 수 있다.

또한 선수들은 자신만의 구체적인 목표를 세우고, 이를 달성하기 위한 동기 부여가 필요하다. 단순히 승리만을 목표로 하는 것이 아니라, 개인적인 기량 향상이나 다음 대회 진출 등 단계별 목표를 설정해야 한다. 이렇게 하면 선수들이 경기에 임할 때 긍정적인 마음가짐을 가질 수 있다.

마지막으로, 선수들은 경기 전후로 활용할 수 있는 자신만의 멘탈 루틴을 개발해야 한다. 예를 들어 호흡 조절, 긍정적 자아 암시 등의 기법을 활용하여 안정된 심리 상태를 유지할 수 있다. 이를 통해 실전 상황에서 더욱 효과적으로 자신의 실력을 발휘할 수 있을 것이다.

선수들은 이러한 멘탈 관리 기법들을 지속적으로 연습하고 체화해야 한다. 그래야만 경기력 향상은 물론 스트레스 관리와 슬럼프 극복에도 도움을 받을 수 있을 것이다. 골프에서 멘탈 코칭의 역할은 점점 더 커질 것이므로, 선수들은 이에 대한 관심과 노력을 기울여야 할 것이다.

2. 자기 인식과 감정 조절

멘탈이 강한 골퍼들은 자기 인식이 뛰어나며 감정을 효과적으로 조절할 수 있다. 자기 인식이란 자신의 감정 상태, 생각, 반응을 정확하게 파악하는 능력을 의미하며, 이를 통해 경기 중 감정을 적절히 조절할 수 있다.

■ 자기 인식을 높이는 방법

- **감정 기록하기**:
  경기 중 어떤 상황에서 어떤 감정을 느꼈는지 기록하여 패턴을 분석한다.

- **자신의 강점과 약점 이해**:
  특정한 상황에서 자신이 어떻게 반응하는지 파악하고, 이를 개선할 방법을 찾는다.

- **객관적인 시각 유지**:
  자신의 영상으로 촬영하고 분석하여 감정의 흐름과 경기력 간의 관계를 이해한다.

■ 감정 조절 기법

- **심호흡과 명상**:
  긴장감을 낮추고 침착함을 유지하는 데 도움이 된다.

- **긍정적 자기 대화**:
  "괜찮아, 다음 샷에 집중하자"와 같은 문구를 반복하며 감정을 조절한다.

- **주의 전환 기술**:
  실수에 대한 생각을 끊고 다음 샷으로 초점을 이동하는 연습을 한다.

3. 경기 전/후 멘탈 루틴 개발

■ 멘탈 루틴 개발

선수들에게 경기 전후의 멘탈 루틴 개발은 정말 중요해. 선수 개개인의 특성과 선호도에 맞는 멘탈 루틴을 만들어 나가는 것이 중요하지만, 그 과정이 쉽지만은 않죠. 하지만 규칙적인 멘탈 루틴을 만들어 나가면 경기력 향상에 큰 도움이 될 것이다.

먼저 경기 전에 자신의 감정 상태와 집중력을 점검해 봐. 지금의 상태가 완벽하지 않다면 그에 맞는 전략을 세워서 차분히 준비해 나가는 게 중요해. 예를 들어 긍정적인 자기암시를 하거나, 호흡 조절 기법을 활용하면 효과적일 것이다. 그 외에도 단계별로 루틴을 설정해서 꾸준히 실천하다 보면 멘탈 관리에 큰 도움이 될 거라고 확신해.

경기가 끝난 뒤에도 충분한 시간을 가져 자신의 경기를 되돌아보고 분석해보자. 어떤 부분이 잘된 건지, 어떤 부분을 개선해야 하는지 냉정히 평가해 보는 것도 중요해. 그리고 긍정적인 마음가짐으로 다음 경기를 준비할 수 있도록 마음을 다잡는 것도 중요하지. 멘탈 관리는 쉽지 않겠지만, 꾸준히 노력하다 보면 큰 성과를 거둘 수 있을 것이다.

■ 4단계 멘탈 루틴을 따르라

골프에서 안정적인 플레이를 위해서는 일관된 멘탈 루틴을 따르는 것이 중요하다. 멘탈 루틴이란 경기 전, 경기 중 반복적으로 행하는 일련의 행동들로, 이를 통해 선수는 긍정적인 마인드셋을 유지할 수 있다.

경기 직전에는 깊은 호흡과 함께 자신만의 시각화 기법을 활용하면 좋다. 성공적인 샷을 떠올리며 자신감을 북돋울 수 있다. 또한 간단한 스트레칭으로 긴장을 풀어주는 것도 도움이 된다.

경기 시작 전에는 기존에 연습해오던 루틴을 차근차근 따르며 집중력을 높이는 것이 필요하다. 예를 들어 클럽 선택, 스탠스 잡기, 스윙 동작 점검 등의 과정을 거치며 몸과 마음을 경기에 집중시킬 수 있다.

실제 경기 중에는 호흡 조절과 함께 긍정적인 자기암시를 하는 것이 중요하다. "괜찮아,

이번엔 잘 할 수 있어"와 같은 말로 스스로를 격려하며, 평정심을 잃지 않도록 해야 한다. 이러한 루틴은 샷 실패나 스트레스 상황에서도 선수가 안정을 되찾는 데 도움을 준다.

 이처럼 경기 전후로 일관되게 반복되는 멘탈 루틴은 선수로 하여금 안정적이고 집중력 있는 플레이를 할 수 있게 해준다. 루틴을 통해 긍정적인 마인드셋을 유지하고, 스트레스에 효과적으로 대처할 수 있게 되는 것이다. 따라서 골프 선수라면 꾸준한 연습을 통해 자신만의 멘탈 루틴을 개발하고 정착시키는 것이 중요하다.

 멘탈 루틴은 경기 전후에 선수들이 심리적 안정과 최상의 경기력을 유지하기 위해 설정하는 일련의 과정이다. 루틴을 개발하면 경기 중 불안을 줄이고 집중력을 유지할 수 있다.

■ 경기 전 멘탈 루틴

- **시각화 연습**:
  경기를 시작하기 전 성공적인 샷을 머릿속으로 이미지화 한다.

- **호흡 조절**:
  깊은 호흡을 통해 긴장을 풀고 편안한 상태로 진입한다.

- **자신감 구축**:
  긍정적인 자기 암시를 통해 경기 전 마음가짐을 다잡는다.

- **몸과 마음의 준비**:
  스트레칭과 간단한 워밍업을 통해 신체와 정신을 최적화한다.

■ 경기 후 멘탈 루틴

- **경기 분석하기**:
  잘한 점과 개선할 점을 정리하여 다음 경기 준비에 반영한다.

- **긍정적인 면에 집중**:
  실수보다 성공적인 부분을 강조하며 경기에서 얻은 교훈을 정리한다.

- **충분한 휴식**:
  심리적 피로를 회복하기 위해 멘탈적으로도 충분한 휴식을 취한다.

4. 골프 선수 슬럼프 자가 진단법과 극복 방법

■ 골프 선수의 슬럼프란?

자신의 실력을 제대로 발휘하지 못하고 저조한 상태가 길게 지속되는 현상을 의미하며 대부분 운동선수가 슬럼프를 경험한다.

슬럼프(slump)는 운동선수가 일정 기간 동안 경기력 저하를 경험하는 현상으로, 골프 선수에게도 흔히 발생한다. 골프는 기술적·전략적 요소뿐만 아니라 심리적 요인이 중요한 스포츠이므로, 슬럼프는 단순한 기술적 문제뿐만 아니라 심리적 요인, 신체적 피로, 환경적 요인 등 다양한 원인으로 발생할 수 있다.

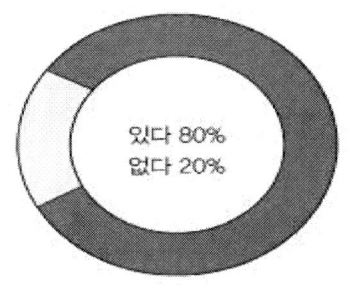

슬럼프 경험유무

출처: Nterway 칼럼.
https://www.nterway.com/magazine/view.asp?gubun=column&idx=242&id=&Gotopage=6

■ 골프 선수의 슬럼프 원인과 해결

골프선수들이라면 누구나 겪는 어려움이 바로 슬럼프다. 자신의 실력과 실제 경기 결과가 크게 달라지면서 선수들은 막막함과 좌절감을 느끼게 된다. 이러한 슬럼프를 극복하는 것은 선수 개인의 정신적 성장뿐만 아니라 경기력 향상을 위해서도 매우 중요하다.

먼저 슬럼프의 정의와 특징을 살펴보자. 슬럼프란 선수들이 자신의 실력 수준에 훨씬 못 미치는 경기 결과를 보이는 상태를 말한다. 경기력이 갑자기 감소하고 실수가 반복되며 자신감마저 떨어지는 것이 주된 양상이다. 이러한 상황이 지속되면 선수들은 점점 더 어려움을 겪게 되며, 때로는 은퇴까지 고려하게 되는 경우도 있다.

그렇다면 슬럼프의 주된 원인은 무엇일까? 대부분의 경우 슬럼프는 선수 개인의 심리적 요인에서 비롯된다. 예를 들어 과도한 스트레스, 성과에 대한 압박감, 동기 부족 등이 슬럼프의 주된 원인이 된다. 또한 부상이나 피로누적과 같은 생리적 요인도 슬럼프를 야기할 수 있다. 즉, 선수들이 경험하는 다양한 심리적, 생리적 요인들이 복합적으로 작용하여 슬럼프가 발생하는 것이다.

그렇다면 이러한 슬럼프를 어떻게 극복할 수 있을까? 가장 중요한 것은 슬럼프의 원인을 정확히 진단하고 이에 맞는 대응 전략을 수립하는 것이다. 먼저 자신의 심리 상태를 객관적으로 점검해보고, 문제가 되는 요인들을 하나씩 해결해 나가는 것이 필요하다. 예를 들어 과도한 스트레스를 줄이기 위해 명상이나 휴식 시간을 가지는 것이 도움이 될 수 있다. 또한 코치나 멘탈코치의 도움을 받아 구체적인 목표 설정과 실행 계획을 수립하는 것도 효과적이다.

여기에 더해 슬럼프에서 벗어나기 위해서는 긍정적인 마음가짐과 자기 믿음을 갖는 것이 중요하다. 자신의 과거 성과와 경험을 떠올리며 자신감을 회복하고, 작은 성과에도 감사하는 태도를 갖는 것이 도움이 된다. 또한 경기 전후의 루틴을 새롭게 만들어 슬럼프에서 벗어나기 위한 노력을 지속적으로 기울이는 것도 필요하다.

슬럼프를 겪는 선수들에게 가장 필요한 것은 인내심과 끈기다. 슬럼프를 단기간에 극복하기는 어려우며, 지속적인 노력과 관리가 요구된다. 하지만 슬럼프를 성공적으로 극복한 선수들의 사례를 보면, 이러한 노력이 결국 경기력 향상으로 이어졌음을 알 수 있다. 결국 슬럼프는 선수들에게 성장의 기회가 될 수 있는 것이다.

이처럼 골프 슬럼프는 다양한 원인으로 인해 발생할 수 있으며, 이를 효과적으로 분석하는 것이 극복의 첫걸음이다.

■ 슬럼프의 정의와 징후

골프에 있어 슬럼프는 선수들이 가장 두려워하는 상황 중 하나이다. 경기력이 갑자기 떨어지고 자신감을 잃게 되면, 이는 선수의 심리에 큰 타격을 줄 수 있다. 하지만 슬럼프는 선수 모두가 겪을 수 있는 상황이기에, 이를 제대로 인지하고 대처하는 것이 중요하다.

슬럼프란 말 그대로 선수의 경기력이 지속적으로 저하되는 상황을 뜻한다. 일시적인 부진이 아닌, 장기적으로 경기 실력이 좋아지지 않는 것을 말한다. 이는 단순히 기술적인 문제뿐만 아니라, 심리적인 요인이 크게 작용하게 된다.

선수들은 슬럼프에 빠졌다는 것을 직감적으로 느끼게 된다. 예전에는 쉽게 해낼 수 있었던 샷이나 퍼팅이 갑자기 되지 않고, 실수가 반복되면서 자신감이 떨어지게 된다. 또한 경기장에 가는 것조차 싫증이 나고, 연습에 대한 의욕도 사라지게 된다. 이러한 증상들이 지속되면 선수는 점점 더 슬럼프에 깊이 빠져들게 된다.

따라서 선수들은 이러한 증상이 나타나는 즉시 슬럼프에 빠진 것으로 인지하고, 적극적으로 대처해 나가야 한다. 그렇지 않으면 더 큰 심리적 부담감과 함께 성적 부진이 계속되어, 결국 선수 생활 자체를 포기하게 될 수도 있다. 슬럼프를 조기에 발견하고 극복하는 것이 중요한 이유이다.

■ 슬럼프의 심리적 요인

골프 선수들은 종종 경기력 부진으로 인한 슬럼프를 겪게 된다. 이러한 슬럼프의 발생 원인은 복잡하지만, 특히 심리적인 요인들이 큰 영향을 미친다.

먼저 자신감의 상실이 주요한 원인이 될 수 있다. 연속된 좋은 성적을 내지 못하면서 선수 스스로 자신의 능력을 의심하게 되고, 이는 곧 경기력 저하로 이어지는 악순환을 초래한다. 큰 실수나 충격적인 경기 결과는 선수의 자신감을 무너뜨리는 주요 요인이 되는 것이다.

또한 강박적인 경향도 슬럼프의 원인이 될 수 있다. 결과에 집착하다 보면 오히려 긍정적인 집중력을 방해하고 압박감만 높아져, 결국 기량 발휘에 어려움을 겪게 된다. 경기에 대한 과도한 집착은 오히려 선수의 자유로운 플레이를 방해하는 요인이 되는 것이다.

마지막으로 외부 요인에 대한 지나친 의식도 슬럼프의 심리적 원인이 될 수 있다. 관중의 반응이나 코치의 평가 등에 집착하다 보면 정작 자신의 플레이에 집중하기 어려워진다. 선수 개인의 몰입도와 집중력이 떨어지게 되면서 기량 발휘가 어려워지는 것이다.

따라서 골프 선수들은 이러한 심리적 요인들을 잘 인지하고 관리해 나가야 한다. 자신감 회복, 과도한 강박에서의 탈피, 외부 요인에 대한 의식 전환 등이 필요하다. 슬럼프를 극복하기 위해서는 선수 개인의 꾸준한 노력과 더불어 코치, 트레이너 등 전문가들의 도움이 중요할 것이다.

▶ **심리적 요인**
- **자신감 저하**: 계속된 부진으로 인해 자기 효능감(self-efficacy)이 감소
- **과도한 압박감**: 대회 성적에 대한 부담, 스폰서·코치·팬들의 기대
- **부정적인 사고**: 실수에 대한 두려움, 실패에 대한 과도한 걱정

▶ **기술적 요인**
- **스윙 변화**: 새로운 스윙 교정 과정에서 발생하는 일시적 부진
- **타이밍 및 템포 문제**: 경기 중 일관성이 부족할 때
- **퍼팅 감각 저하**: 미세한 감각의 변화가 퍼팅 실수로 이어짐

▶ **신체적 요인**
- **피로 누적**: 장기간의 훈련과 경기로 인한 체력 저하
- **부상**: 허리, 어깨, 손목 등 부상이 경기력에 영향을 미침
- **컨디션 저하**: 수면 부족, 영양 불균형, 스트레스 등

▶ **환경적 요인**
- **기후 변화**: 바람, 습도, 코스 상태의 변화
- **장비 문제**: 클럽 교체나 공의 변화가 경기력에 영향
- **생활 변화**: 개인적인 문제(가족, 재정, 인간관계 등)

출처: 잡코리아(2018). 슬럼프 자가진단법. https://www.facebook.com/jobkorea/posts

5. 슬럼프 극복을 위한 전략

골프에서 겪는 슬럼프는 누구나 경험할 수 있는 일이지만, 이를 효과적으로 극복하는 것이 중요하다. 많은 선수들이 슬럼프를 겪으면서 어려움을 겪곤 하는데, 이는 단순히 기술적인 문제만이 아닌 심리적인 요인들이 크게 작용하기 때문이다. 따라서 슬럼프를 극복하기 위해서는 이러한 심리적 요인들을 이해하고 적절한 대처 방법을 찾아내는 것이 중요하다.

- **첫째, 슬럼프의 원인을 정확히 파악해야 한다.**

때로는 기술적인 문제일 수도 있지만, 대부분의 경우 선수 자신의 심리적 상태가 큰 영향을 미치게 된다. 예를 들어 자신감 결여, 과도한 압박감, 부정적인 자기 인식 등이 슬럼프의 주된 요인이 될 수 있다. 따라서 이러한 요인들을 파악하고 개선하는 것이 중요하다.

- **둘째, 명확한 목표 설정이 필요하다.**

슬럼프에서 벗어나기 위해서는 구체적이고 실현 가능한 목표를 설정하는 것이 중요하다. 이를 통해 선수 자신에게 동기부여가 되고, 실질적인 변화를 위한 계획을 수립할 수 있게 된다. 단순히 "슬럼프에서 벗어나고 싶다"는 막연한 바람보다는 "다음 3개월 내에 퍼팅 성공률을 10% 올리겠다"와 같은 구체적인 목표가 도움이 된다.

- **셋째, 멘탈 루틴을 개발하고 실천해야 한다.**

경기 전후로 자신만의 멘탈 루틴을 만들어 꾸준히 실천하면 심리적 안정을 유지할 수 있다. 예를 들어 긍정적인 자기 암시, 심호흡 등의 기법을 정기적으로 활용하는 것이 도움이 된다. 이를 통해 부정적인 생각을 차단하고 집중력을 높일 수 있다.

마지막으로, 전문가의 도움을 받는 것도 좋은 방법이다. 슬럼프를 겪는 선수들은 코치나 멘탈 코치의 조언을 구해 객관적인 관점을 얻는 것이 중요하다. 자신의 문제를 명확히 인식하고 개선 방향을 찾아내는 데 큰 도움이 될 수 있다.

이처럼 슬럼프를 극복하기 위해서는 자신의 문제를 정확히 진단하고, 구체적인 목표를 수립하며, 효과적인 멘탈 루틴을 개발하는 등 다각도의 노력이 필요하다. 어려운 슬럼프 상황일지라도 이러한 전략들을 통해 점진적으로 회복할 수 있을 것이다.

6. 입스의 이해와 극복 방법

골프에서 입스는 많은 선수들의 발목을 잡아왔던 골칫거리이다. 입스란 경기 도중 갑자기 공이 예상한 대로 나가지 않거나 거리감이 맞지 않는 등의 현상을 말한다. 이로 인해 선수들은 큰 타격을 받게 되고, 때로는 이런 입스가 원인이 되어 심각한 슬럼프에 빠지기도 한다.

그렇다면 입스는 어떤 원인으로 발생하는 것일까? 입스의 가장 큰 원인은 바로 심리적 압박감이다. 경기에 임하는 선수들은 늘 높은 긴장감과 부담감을 느끼게 되는데, 이로 인해 무의식적으로 동작이 경직되거나 집중력이 흐트러지게 된다. 또한 과도한 승리에 대한 욕심도 입스의 주요 요인이 될 수 있다.

이렇듯 입스는 선수 개인의 심리적 요인에 기인하는 바가 크다. 따라서 입스를 극복하기 위해서는 이러한 심리적 요인을 체계적으로 관리해 나가는 것이 핵심이 된다. 먼저 자신의 감정 상태를 정확히 인지하고 이를 조절하는 능력을 기르는 것이 필요하다. 특히 경기 전 긍정적인 마음 상태를 유지하고, 압박감을 적절히 관리할 수 있는 루틴을 개발하는 것이 도움이 된다.

또한 실패에 대한 두려움보다는 시도와 노력의 과정 자체에 집중할 수 있는 마음가짐을 갖는 것도 중요하다. 자신의 능력과 경험을 믿으며 흔들리지 않는 자신감을 유지하는 것이 입스 극복의 핵심이라고 할 수 있다. 이와 더불어 전문가의 멘탈 코칭을 받는 것도 큰 도움이 될 것이다.

이처럼 입스 극복을 위해서는 선수 개인의 심리 관리 능력 향상이 필수적이다. 자신의 감정을 인지하고 조절하며, 긍정적인 마음가짐과 자신감을 유지하는 것이 중요하다. 또한 전문가의 도움도 병행한다면 입스라는 골프의 난제를 극복할 수 있을 것이다.

1) 입스의 정의와 증상

골프에서 입스(Yips)는 정말 골치 아픈 문제다. 입스란 골프 퍼터나 아이언 샷을 할 때 갑자기 근육 경련이나 떨림이 생겨 정상적으로 스윙할 수 없는 현상을 말한다. 이런 상황이 발생하면 순간적으로 큰 불안감과 긴장감에 시달리게 되어 공을 정확히 쳐내기 힘들어진다.

입스의 가장 대표적인 증상은 근육 경련과 떨림이다. 퍼터 스트로크나 아이언 샷을 할 때 갑자기 손이나 팔, 어깨 등이 경련을 일으키면서 제대로 클럽을 컨트롤할 수 없게 된다. 또한 갑작스러운 떨림으로 인해 볼을 정확히 맞출 수 없게 되는 것도 입스의 대표적인 증상이다.

이런 증상들은 주로 중요한 순간이나 압박감이 높은 상황에서 더 뚜렷하게 나타난다. 예를 들어 마지막 홀에서 우승을 결정지을 수 있는 퍼팅을 할 때 입스가 발생하는 경우가 많다. 이처럼 입스는 골퍼들에게 심각한 정신적 스트레스를 동반하는 치명적인 문제인 것이다.

'손 떨림', '근육 경련', '심박수 증가' 등 입스에 시달리게 되면, 선수가 몇 년간 완벽하게 수행하던 운동이 한순간에 무너져 통제 불능상태에 빠지기도 한다. 입스는 성과 압력이 없는 상황에도 지속될 수 있으며, 한 번 발생하면 만성적인 장애로 이어질 수 있다. 최소 지속 기간은 5년이며, '입스'를 끝내 극복하지 못하고 은퇴하는 경우도 있다.

■ 입스의 유형과 솔루션

입스(Yips)는 골프에서 흔히 발생하는 심리적 및 신경근육적 문제로, 선수들이 퍼팅이나 숏 게임에서 불안이 증가하는 상황에 압박감을 느끼며 갑작스럽고 비정상적인 근육 경련 또는 과도한 긴장을 경험하는 현상이다. 이는 경기력 저하를 유발하며, 운동 선수들이 평소에는 잘하던 동작을 제대로 못 하게 되는 현상으로, 극복하지 못하면 장기적인 슬럼프로 이어질 수 있다.

2) 입스의 유형

입스는 크게 신경근육적 입스(Neuromuscular Yips)와 심리적 입스(Psychological Yips)로 2가지로 구분하거나 입스의 생리학적 측면(유형 I), 입스의 심리학적 측면(유형 II), 입스의 유형 I과 II의 결합, 현상학적인 개념 4가지로 유형을 구분하기도 한다.

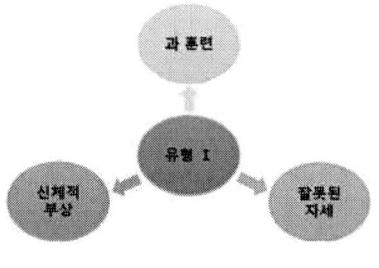

출처: 황민석 & 하피터(2020). 골프선수의 '입스(Yips)'와 현상학적 신체도식 개념. 움직임의 철학: 한국체육철학회지, 28(4), 17-31.

■ 입스 유형 I 의 원인 및 (생리학적 관점)

'유형 I'은 운동 동작 시 손과 팔 등의 떨림처럼 순수 생리적 신체에서 발생하는 문제만을 포함한다. 국소 이긴장증(focal dystonia)은 인체의 한 부분에 국한된 불수의적이고 지속적인 근육 수축으로 인한 운동 장애로, 스윙 시 손과 팔 등의 떨림 같이 순수 생리적 신체에서 발생하는 문제만을 포함한다.

▶ 입스의 유형 I과 II의 결합

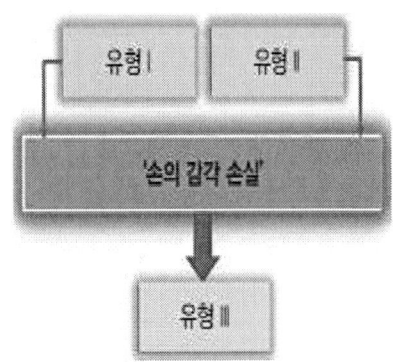

▶ 경쟁상태불안의 3개의 하위요인

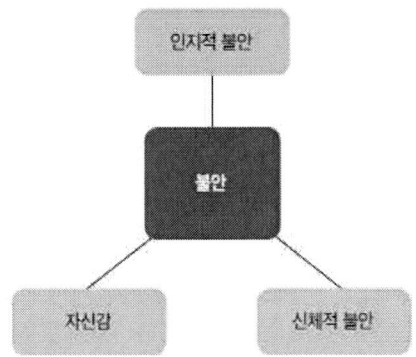

▶ 신체적 각성과 인지 불안 간의 교집합

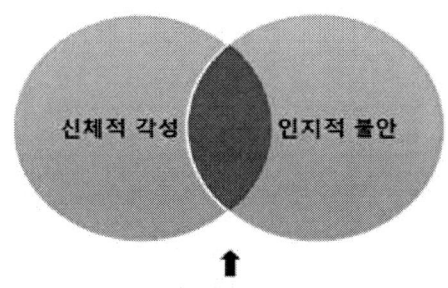

두 변수 사이에 교집합

3) 신체 도식의 현상학적 개념

메를리퐁티(Merleau-Ponty: 1908~1961)는 프랑스의 철학자이며, 장폴사르트르와 함께 프랑스 현대 철학의 양대 산맥으로, 현상학과 실존주의에 천착하였고 '지각의 현상학', '의미와 무의미', '보이는 것과 보이지 않는 것' 등의 저서를 남긴다. '신체 도식'란 일반적으로 모든 사람이 자신의 신체에 관하여 가지고 있는 삼-차원적인 신체상(body-image)으로 관절, 신경, 뼈 등에서 느끼는 내적 감각을 통해서 구성된 이미지를 의미한다(Sherter, Connolly, & Schilder, 1978).

4) 현상학적 의미에서 '입스'의 원인

'입스' 경험자들은 손상된 '신체 도식'에 즉각적으로 대처하지 못하거나 이에 대처하지 않은 채로 반복적이고 지속적으로 운동을 진행한다.

5) 현상학적 의미에서 입스의 해결책

■ 신경근육적 입스 (Neuromuscular Yips) - 입스 유형 I
- 특정 동작을 수행할 때 근육이 경직되거나 경련을 일으키는 현상
- 퍼팅이나 칩샷을 할 때 손이 떨리거나 불규칙한 움직임 발생
- 장기적인 기술 습관이나 반복된 스트레스로 인해 발생

▶ 해결 방법

'입스'는 근육의 미세 조종을 담당하는 뇌의 특정 부분이 이상 동작을 일으켜 발생하기 때문에 입스를 극복하기 위해서는 기존의 뇌에 입력된 특정 동작과 관련된 운동 기억을 완전히 '다시 포맷'하는 것이 필요하다.

✔ 스윙 변화: 퍼팅 또는 스윙의 템포와 그립을 수정하여 새로운 감각 형성
✔ 훈련 방식 변경: 한 손 퍼팅, 다양한 퍼팅 그립(클로우 그립, 오버랩 그립 등) 사용
✔ 신경근육 재훈련: 작은 근육보다 큰 근육(어깨, 팔 전체)을 사용하여 샷 수행

■ 심리적 입스 (Psychological Yips) - 입스 유형 Ⅱ

숨막힘(Choking)은 숨이 막혀 질식할 지경이라는 뜻으로, 스포츠 현장에서는 너무 긴장해 생각이나 행동이 얼어붙는 현상이다. 유형 Ⅰ은 스윙 시 손과 팔 등 의 떨림 같이 순수 생리적 신체에서 발생하는 문제만을 포함하나 유형 Ⅱ는 긴장, 불안 등으로 인한 운동 능력 상실만을 이야기한다. 그러나 각 관점은 각자의 주장만 강조할 뿐 명료한 '입스'의 원인을 제시하지는 못하고 있다.

입스는 골프 선수들이 겪는 가장 심각한 심리적 문제 중 하나라고 해도 과언이 아니지만 이런 입스가 발생하는 주요한 심리적 요인들을 살펴보자.

- **첫째**, 지나친 성과에 대한 강박이다. 골프 선수들은 끊임없이 더 좋은 성적을 내야 한다는 압박감에 시달리게 된다. 이로 인해 경기에 임할 때마다 긴장감이 높아지고, 실수에 대한 두려움이 증폭되면서 입스가 발생하게 되는 것이다.

- **둘째**, 자신감의 부족이다. 골프는 정신력과 자신감이 매우 중요한 종목이지만, 때로는 부진한 성적으로 인해 선수들의 자신감이 크게 떨어지게 된다. 이런 상황에서는 경기에 집중하기 어렵고, 작은 실수에도 크게 동요하게 되어 결국 입스로 이어지게 된다.

- **셋째**, 과도한 완벽주의다. 골프 선수들은 늘 완벽에 가까운 퍼포먼스를 내야 한다는 강박관념에 사로잡혀 있다. 하지만 완벽은 현실적으로 불가능하기 때문에, 이런 기준에 미치지 못하면 좌절감과 함께 입스가 발생하게 되는 것이다.

이처럼 입스의 근본적인 원인은 선수 개인의 심리적 요소에서 비롯된다고 볼 수 있다. 따라서 입스에 효과적으로 대처하기 위해서는 선수 개개인의 심리 상태를 정확히 파악하고, 이를 개선할 수 있는 맞춤형 관리가 필요할 것이다.

- 실수에 대한 두려움, 과도한 긴장, 압박감으로 인해 근육이 경직되는 현상
- 중요한 순간(결정적 퍼팅, 숏게임)에서 지나치게 조심스럽게 플레이
- 실패 경험이 반복되면서 자기 의심과 부정적인 사고 강화

▶ **해결 방법**
✔ 심상 훈련 (Visualization): 성공적인 퍼팅 이미지를 반복적으로 상상하여 두려움 감소
✔ 긍정적 자기 대화 (Positive Self-Talk): "나는 차분하게 퍼팅할 수 있다"와 같은 긍정사고 반복

✔ **루틴 확립:** 일정한 루틴을 유지하여 심리적 안정을 도모하고 자동화된 동작 유지
✔ **마음 챙김 (Mindfulness) 및 이완 기법:** 호흡 조절, 명상 등을 통해 긴장을 해소

■ 입스 유형 Ⅲ(입스의 유형Ⅰ과 Ⅱ의 결합) 합침

연속성 이론이란 '국소 이긴장증(focal dystonia)'와 '숨막힘 (choking)'을 하나의 선 위에 병치시키고, 어떤 증상이 더 유의미한지 파악하여 '입스'의 원인을 규명하며 생리(유형Ⅰ)와 심리(유형Ⅱ)가 결합 되어서 나타나는 '제3의 증상'의 대표적 예는 손의 감각이 결손되어 운동 과제를 시도하는 능력을 상실하는 것을 말한다.

6) 입스를 극복하는 실전 솔루션
✔ 선택적 주의집중
✔ 수행 성취 경험
✔ 비합리적인 신념(논박)
✔ 심리훈련 변화
✔ 편안한 마음상태 유지
✔ 심상훈련
✔ 점진적 이완훈련

(1) 퍼팅 입스 해결법
▶ **문제:** 짧은 거리 퍼팅에서 손이 떨리거나 스트로크가 일정하지 않음
▶ **솔루션**
  ✔ 퍼팅 그립 변경: 크로스핸드, 클로우 그립, 벙커 스타일 퍼팅 시도
  ✔ 큰 근육 사용: 손보다 어깨와 몸통을 활용하여 퍼팅 스트로크 수행
  ✔ 훈련법: 한 손 퍼팅 연습, 눈을 감고 퍼팅 연습하여 감각 회복

(2) 칩샷 입스 해결법
▶ **문제:** 짧은 어프로치 샷에서 손목이 과도하게 움직이거나 긴장으로 실수 발생
▶ **솔루션**
  ✔ 간결한 스윙: 손목 사용을 최소화하고 몸 전체를 활용하여 스윙
  ✔ 하프 스윙 훈련: 짧은 백스윙과 팔로우스로를 일정하게 유지하는 연습
  ✔ 템포 조절: 너무 빠르거나 느린 템포가 아닌 자연스러운 리듬 유지

(3) 드라이버 입스 해결법
▶ **문제:** 티샷에서 지나치게 조심스럽거나 긴장하여 스윙이 부자연스러움
▶ **솔루션**
  ✔ 목표 초점 변경: 볼을 맞추는 것보다 목표 지점을 더 집중하여 스윙

✔ 스윙 루틴 일정화: 일관된 프리샷 루틴을 유지하여 안정감 확보
✔ 템포 연습: 가벼운 연습 스윙을 통해 몸에 자연스러운 리듬 주입

7) 입스 극복 전략

입스를 극복하기 위한 구체적인 전략은 다음과 같다. 먼저, 입스의 증상을 잘 파악하고 그 원인을 깊이 있게 분석해야 한다. 불안감, 스트레스, 과도한 긴장 등이 입스의 주요 요인이므로, 이러한 요인들을 해소하는 것이 중요하다. 예를 들어 명상이나 요가 등의 이완 기법을 활용하면 심리적 안정을 찾을 수 있다.

또한 올바른 목표 설정과 긍정적 마인드셋을 갖는 것도 입스 극복에 도움이 된다. 비현실적인 목표나 부정적인 생각은 입스를 악화시키므로, 구체적이고 실현 가능한 목표를 세우고 긍정적인 관점을 갖는 연습이 필요하다. 이를 통해 자신감과 집중력을 높일 수 있다.

마지막으로, 트레이너나 멘탈 코치의 도움을 받는 것도 좋은 방법이다. 전문가의 피드백과 지도를 통해 입스의 원인을 정확히 파악하고, 개인에 맞는 맞춤형 극복 전략을 세울 수 있다. 입스는 개인차가 크기 때문에 이러한 맞춤형 접근이 필수적이다. 전문가의 도움을 받아 체계적으로 입스를 관리한다면, 선수들은 더욱 안정적인 경기력을 발휘할 수 있을 것이다.

■ 입스를 예방하는 장기적 접근법

▶ **정신적 훈련**
  ✔ **자신감 회복:** 작은 성공 경험을 쌓으며 실수에 대한 두려움 극복
  ✔ **압박감 조절:** 경기 상황을 시뮬레이션하여 실전 적응력 향상
  ✔ **멘탈 코칭:** 스포츠 심리학자 또는 코치와의 상담을 통해 심리적 안정

▶ **신체적 훈련**
  ✔ **스트레스 감소 운동:** 요가, 명상, 호흡 훈련을 통해 긴장 해소
  ✔ **근력 및 유연성 강화:** 손목, 팔, 어깨의 근육을 강화하여 신경근육 반응 개선

▶ **기술적 훈련**
  ✔ **연습 방법 변화:** 반복적인 훈련 대신 다양한 방법으로 훈련하여 감각 회복
  ✔ **일관된 루틴 정립:** 훈련과 경기에서 동일한 루틴 유지

입스는 단순한 기술적 문제가 아니라, 심리적·신경근육적 원인이 복합적으로 작용하는 현상이다. 따라서 단순히 반복 연습만 하는 것이 아니라, 심리 훈련, 루틴 개선, 신경근육 재훈련 등 종합적인 접근이 필요하다.

7. 골프 슬럼프 극복 방법

▶ 심리적 접근
  - **긍정적 사고방식**: 슬럼프를 겪으며 부정적인 감정을 경험할 때 긍정적으로 생각하는 것이 도움이 된다. 그중 '감사'라는 감정은 아주 좋은 해독제 역할을 한다. 오늘 실수한 일, 걱정보다는 오늘 기분 좋았던 일, 잘 해냈던 일을 생각하거나 적어본다면 도움이 될 것이다.

- **목표 재설정**: 과정 중심의 목표(예: 특정 샷 완성도 향상)를 설정하여 부담 감소
- **긍정적 자기 대화(Self-Talk)**: 부정적인 생각을 줄이고, 자신을 격려하는 말 사용
- **심상 훈련(Visualization)**: 성공적인 샷을 반복적으로 머릿속에서 이미지화
- **마음 챙김(Mindfulness) 및 이완 훈련**: 호흡법, 명상 등을 활용하여 긴장 완화

▶ 기술적 접근
  - **역학 분석**: 스포츠의 과학적 접근을 통해 선수의 자세 체형 분석부터 스윙 역학 분석을 통한 문제 분석을 기반으로 전문가들의 조언 및 훈련 시스템을 활용하여 기술적 접근을 하는 것 또한 도움이 될 것이다.

- **기본기 점검**: 그립, 셋업, 스윙 메커니즘을 다시 점검
- **스윙 리듬 회복**: 템포와 리듬을 일정하게 유지하는 훈련 진행
- **퍼팅 감각 훈련**: 짧은 거리에서 성공률을 높이며 자신감 회복

▶ 신체적 접근
  - **충분한 휴식**: 내게 압박을 주는 모든 것들을 내려놓고, 휴식을 취하는 것이다. 인간으로서 기본적으로 채워주어야 하는 것들(숙면, 건강한 식사, 충분한 수분 섭취, 규칙적인 생활)을 잘 충족시키면 양질의 휴식이 될 수 있다.

- **적절한 휴식**: 일정 기간 훈련 강도를 줄이고, 피로를 해소
- **부상 관리 및 재활 운동**: 근력 및 유연성 운동 병행
- **영양 및 수면 관리**: 균형 잡힌 식단과 충분한 휴식 유지

▶ 환경적 접근
  - **멘토의 조언 및 취미활동**: 편한 사람들을 만나 시간을 보내며 안정감을 느끼거나, 새로운 사람들은 만나 새로운 생각을 듣는 시간을 가지면 도움이 될 것이며, 건강한 취미활동은 스트레스를 해소하고 자기 계발을 통해 정신 건강에 도움을 준다. 예를 들어 그림, 음악 연주, 독서 등의 취미는 정신적 안정감을 증진시켜 스트레스와 우울감을 줄이고 에너지를 재충전시켜 준다.

- **훈련 환경 변화**: 새로운 코스에서 연습하거나 연습 방식을 다양화
- **장비 점검**: 클럽 피팅을 다시 하거나 공 선택을 조정
- **멘토 또는 전문가 상담**: 코치, 스포츠 심리학자, 트레이너와의 상담 진행

8. 슬럼프 극복과 멘탈 회복 기술

슬럼프는 골퍼라면 누구나 겪을 수 있는 현상이며, 이를 극복하는 멘탈 전략이 필요하다. 슬럼프는 신체적인 문제뿐만 아니라 심리적인 문제에서도 발생할 수 있기 때문에, 효과적인 대처법을 익히는 것이 중요하다.

■ 슬럼프의 주요 원인
- **자신감 부족**: 경기력이 저하되면서 자기 신뢰가 떨어지는 경우.
- **지나친 기대감**: 너무 높은 목표를 설정하여 압박감을 느끼는 경우.
- **부정적인 사고 패턴**: 실수 후 자책하며 경기 흐름이 무너지는 경우.

■ 슬럼프 극복 방법
- **목표를 조정한다**: 너무 높은 목표보다 현실적이고 달성 가능한 목표를 설정한다.
- **기본으로 돌아간다**: 스윙, 퍼팅 등의 기본적인 동작을 점검하고 연습한다.
- **멘탈 훈련 강화**: 시각화 훈련, 긍정적인 자기 암시, 집중력 훈련 등을 통해 멘탈 회복.
- **경험을 재해석한다**: 슬럼프를 실패로 보지 않고 성장의 기회로 보는 사고방식 갖는다.

9. 세계적인 골퍼들의 멘탈 관리 사례

■ 골프 슬럼프 극복 사례

- **타이거 우즈**:
  스윙 교정과 부상으로 슬럼프를 겪었지만, 꾸준한 훈련과 심리적 회복을 통해 재기

- **로리 맥길로이**:
  성적 부진 이후 심리 상담과 기본기 점검을 통해 다시 정상 궤도에 복귀

- **조던 스피스**:
  퍼팅 감각 저하를 겪었으나, 퍼팅 루틴을 조정하고 심리적 접근을 병행하여 회복

- **박세리**:
  20세 최연소 US 오픈 우승 및 명예전당 가입 후 손가락 부상 등 슬럼프를 겪었으나 지인의 권유로 낚시 등을 통해 공백 기간을 극복하고 자신을 돌아보며 긍정적인 태도로 재기

골프 선수의 슬럼프는 누구에게나 찾아올 수 있지만, 원인을 정확히 분석하고 체계적인 접근법을 통해 극복할 수 있다. 심리적 안정, 기술적 점검, 신체적 회복, 환경 조정 등의 다양한 방법을 활용하면 슬럼프를 딛고 다시 정상적인 경기력을 회복할 수 있다.

골프는 단순한 신체적 스포츠가 아니라, 심리적 요소가 매우 중요한 스포츠이므로, 슬럼프를 극복하는 과정에서 자기 자신을 더 깊이 이해하고 성장하는 기회로 삼는 것이 중요하다. 또한, 세계적인 골퍼들은 강한 멘탈을 유지하기 위해 다양한 전략을 활용한다. 그들의 멘탈 관리 방법을 분석하면, 실전에서 적용할 수 있는 유용한 교훈을 얻을 수 있다.

■ 대표적인 골퍼들의 멘탈 관리 전략

▶ **조던 스피스(Jordan Spieth)**
- 시각화 훈련을 통해 경기 전에 성공적인 플레이를 이미지화한다.
- 강한 루틴을 유지하여 경기 중 심리적 변동을 최소화한다.

▶ **게리 플레이어(Gary Player)**
- 실패를 경기의 일부로 받아들이고, 실수를 빠르게 극복하는 태도를 가짐.
- 장기적인 목표를 설정하고 한 단계씩 발전하는 과정을 중시함.

▶ **저스틴 토머스(Justin Thomas)**
- 명상과 호흡 훈련을 통해 경기 전후 심리적 안정을 유지함.
- 실수를 긍정적으로 해석하고 다음 샷에 집중하는 습관을 기름.

▶ **안니카 소렌스탐(Annika Sörenstam)**
- 극한의 압박 속에서도 감정을 조절하며 집중력을 유지하는 능력.
- 반복된 루틴을 통해 경기 중 심리적 변수를 최소화함.

멘탈 관리는 경기력 유지와 직결되는 중요한 요소이다. 자기 인식과 감정 조절 능력을 키우고, 경기 전후 멘탈 루틴을 개발하며, 슬럼프를 극복하는 전략을 활용하면 보다 안정적이고 일관된 경기력을 발휘할 수 있다. 세계적인 골퍼들의 사례를 참고하여 자신만의 멘탈 관리 전략을 수립하는 것이 장기적인 성공의 열쇠가 될 것이다.

제9장. 타깃 집중과 시각화 훈련

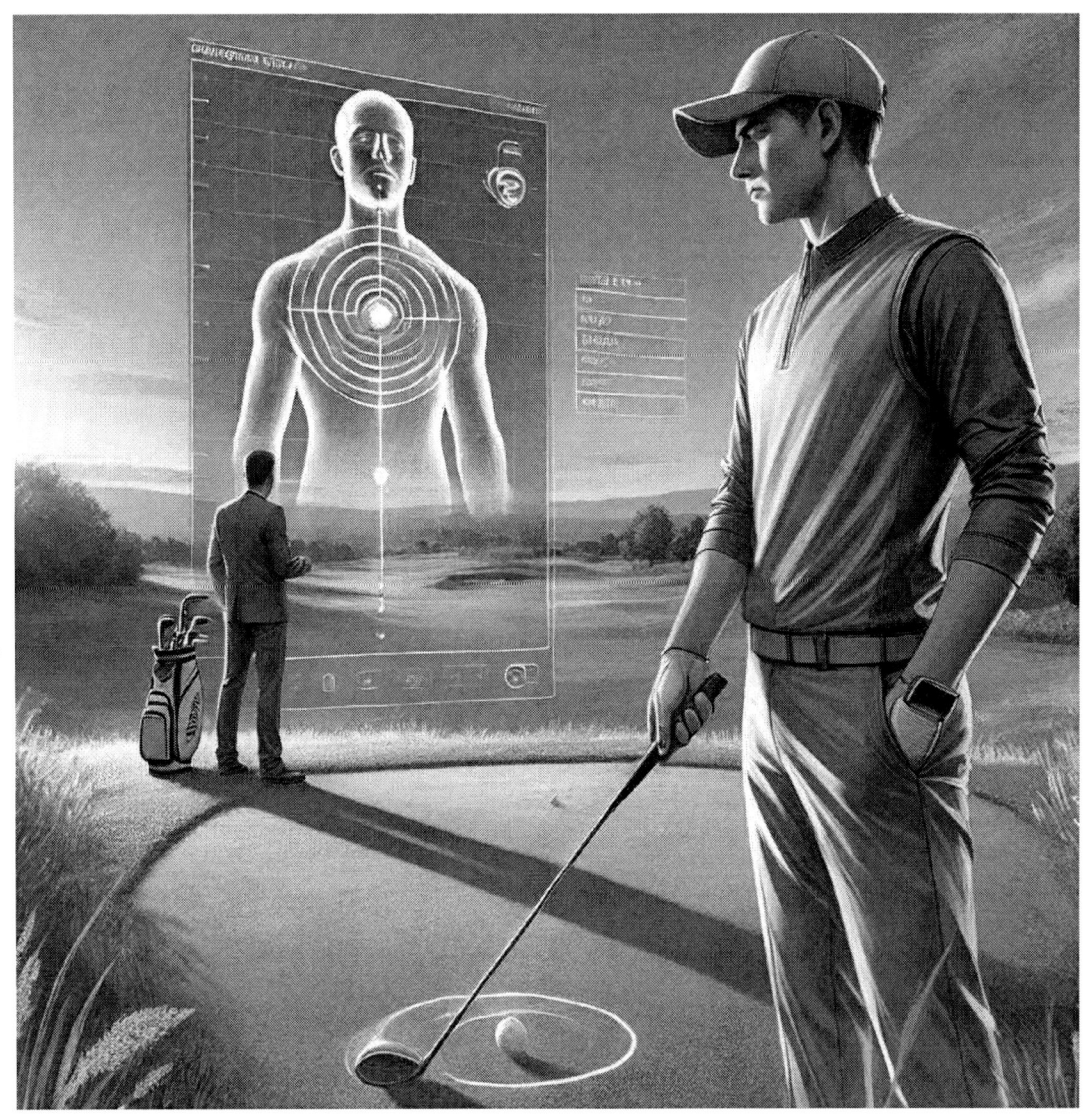

제9장. 타깃 집중과 시각화 훈련

1. 골프는 타깃 게임

골프는 다른 스포츠와 달리 '타깃 게임'의 특성을 가지고 있다. 즉, 정해진 목표물을 향해 정확한 샷을 해내는 것이 골프의 핵심이라고 할 수 있다. 여타 스포츠들이 단순히 공간을 효과적으로 활용하거나 상대방을 제압하는 데에 초점을 맞추는 반면, 골프에서는 자신이 정한 목표물을 얼마나 정확하게 맞추느냐가 승패를 가르는 가장 중요한 요소이다.

따라서 골프를 잘하기 위해서는 명확한 목표 설정과 그에 집중하는 태도가 필수적이다. 자신이 타깃으로 삼고 있는 지점을 정확히 파악하고, 그 지점을 향해 집중력 있게 볼을 보내는 능력이 뛰어나야 한다. 단순히 멀리 보내는 것보다는 정확하게 타깃을 맞추는 것이 더 중요하다는 뜻이다.

이를 위해서는 골퍼 개개인이 자신만의 루틴을 체계적으로 수립하고 훈련해야 한다. 타깃을 분명히 인지하고, 그 지점을 향해 집중력 있게 볼을 보내는 일련의 과정을 반복적으로 연습함으로써, 자연스럽고 정확한 샷을 구사할 수 있게 되는 것이다. 특히 마음가짐과 몸가짐의 안정성이 확보되어야 타깃에 대한 집중력을 발휘할 수 있다는 점에 유의해야 한다.

1) 타깃을 명확히 설정하는 법
골프에서 타깃을 명확하게 설정하는 것은 성공적인 샷을 위한 필수 요소이다. 목표가 불분명하면 집중력이 분산되고, 결과적으로 샷의 정확성이 떨어질 수 있다. 명확한 타깃 설정을 위해 다음과 같은 방법을 활용할 수 있다.

2) 타깃 설정 전략

- **구체적인 목표 선정**:
  단순히 페어웨이를 노리는 것이 아니라, 특정 지점을 타깃으로 설정한다.

- **거리와 환경 분석**:
  샷을 실행하기 전 코스의 지형과 바람 등을 고려하여 적절한 타깃을 정한다.

- **시각적 표시 활용**:
  목표 지점 근처의 나무, 벙커, 특정 지형을 참조하여 시각적 초점을 맞춘다.

- **멘탈 리허설 수행**:
  샷을 하기 전 머릿속에서 타깃을 명확히 이미지화한다.

2. 타깃 게임과 감각

타깃을 바로 느껴야 한다. 골프에서 정확한 타깃 인식은 좋은 샷을 내기 위한 필수적인 요소야. 목표를 명확히 파악해야 스윙을 제대로 할 수 있다. 타깃이 불분명하다면 스윙도 흐트러질 수밖에 없지. 타깃을 정확히 보고 느끼는 연습을 해야 한다.

마음에서 피니시 동작을 지워야 한다. 골프에서 피니시 동작에 대한 집착은 오히려 방해가 될 수 있어. 공을 보내는 순간에는 마음의 부담을 내려놓고 자연스럽게 스윙해야 해. 마음을 비워야 긴장감이 풀리고 몸의 움직임도 부드러워질 것이다.

4단계 멘탈 루틴을 따라야 한다. 골프에서 일관된 멘탈 루틴은 안정된 플레이를 돕는 중요한 요소야. 준비 단계, 스윙 단계, 결과 평가 단계, 재준비 단계 등 각 단계를 체계적으로 거치는 연습이 필요해. 이렇게 하면 언제나 일관된 플레이를 할 수 있게 된다.

스윙을 찍는 습관을 버려야 한다. 골프에서 스윙에 대한 집착은 좋은 결과를 가져오지 못해. 오히려 자연스러운 움직임을 방해할 수 있어. 스윙에 대한 걱정을 내려놓고, 타깃에 집중하는 것이 중요해. 혼란스러운 생각 대신 단순히 공을 보내는 것에만 초점을 맞추는 게 좋다.

1) 타깃을 바로 느껴라

골프에서 타깃을 정확하게 인식하는 것은 성공적인 샷을 내기 위한 핵심 요소라고 할 수 있겠다. 타깃을 바르게 느끼지 못한다면, 그만큼 정확한 타격을 할 수 없게 되는 것이다. 골프 선수들은 항상 눈과 마음으로 타깃을 정확히 확인하고, 그 타깃에 몰입하는 법을 익혀야 한다.

타깃을 바로 느끼려면, 먼저 타깃의 위치와 크기, 거리 등을 정확히 파악해야 한다. 그리고 타깃에 집중하여 그 모습을 마음의 눈으로 생생히 그려내야 한다. 단순히 타깃의 위치만 확인하는 것이 아니라, 타깃의 모습을 완전히 내면화하는 것이 중요하다.

그렇게 타깃을 명확히 인식하고 내면화하면, 실제 스윙을 할 때 더욱 정확한 타격이 가능해진다. 타깃에 대한 확실한 정보와 이미지가 있기 때문에, 스윙 동작 하나하나가 타깃을 향하게 되는 것이다. 이렇듯 타깃에 대한 정확한 인식은 좋은 샷으로 이어지는 필수적인 요소라고 할 수 있겠다.

2) 마음에서 피니시 동작을 지워라

많은 골퍼들이 스윙에 대한 과도한 집착으로 인해 어려움을 겪곤 합니다. 피니시 동작에 대한 집착이 그 대표적인 예라고 할 수 있겠죠. 이런 집착은 선수들로 하여금 긴장감과 부담감을 느끼게 만들어 자연스러운 스윙을 방해하게 된다.

마음속에서 피니시 동작에 대한 걱정을 지워버리고, 오직 타깃에만 집중하는 것이 중요합니다. 피니시 동작에 대한 스트레스를 덜어내면 골퍼들은 더욱 편안하고 자연스럽게 스윙할 수 있게 된다. 자신의 기술과 감각을 믿고 긍정적인 마음가짐으로 스윙에 임하면, 원하는 대로 볼이 날아갈 것이다.

피니시 동작에 얽매이지 말고 오직 스윙 그 자체에만 전념하세요. 타깃에 집중하고, 몸이 자연스럽게 반응하게 만드는 것이 중요합니다. 피니시를 의식하다 보면 오히려 불편한 스윙이 될 수 있으니까요. 마음의 짐을 내려놓고 자유롭게 스윙하는 습관을 들여보세요. 그렇게 하면 더욱 부드럽고 유연한 스윙을 구사할 수 있을 거예요.

3) 스윙 찍는 습관을 버려라

골프를 하다 보면 스윙에 대한 집착에 빠지기 쉽다. 그렇게 되면 스윙에 대한 부담감으로 인해 자연스러운 움직임을 방해받게 되고, 결국 원하는 만큼의 실력 향상을 이루기 어렵게 된다.

스윙에 대한 집착에서 벗어나기 위해서는 먼저 자신의 습관을 돌아볼 필요가 있다. 연습할 때마다 스윙 동작을 수없이 찍어보며 분석하는 것은 좋은 방법이 아니다. 오히려 이런 습관은 스윙에 대한 불안감을 더욱 증폭시키기 때문이다.

대신 연습할 때는 타깃에 온전히 집중하고, 스윙 동작에 대한 집착을 내려놓는 것이 중요하다. 자신의 자연스러운 움직임을 믿고 편안한 마음으로 스윙을 하다 보면, 실제 경기에서도 긴장감 없이 더 좋은 결과를 얻을 수 있을 것이다.

스윙을 분석하고 개선하는 것도 필요하지만, 그것이 자신감을 떨어뜨리거나 긴장감을 불러일으키면 오히려 역효과가 날 수 있다. 골프는 결국 자연스러운 움직임과 편안한 마음가짐이 가장 중요한 요소이므로, 스윙에 대한 집착을 버리고 자신을 믿는 자세가 필요하다.

3. 마인드 아이(Mind's Eye) 훈련법

마인드 아이 훈련법은 선수들이 경기 전에 샷을 시각적으로 시뮬레이션하여 실제 샷을 향상시키는 기법이다. 이를 활용하면 경기 중 집중력과 자신감을 강화할 수 있다.

■ 마인드 아이 훈련법의 핵심 요소
- **샷의 이미지화**: 공이 목표 지점으로 향하는 궤적을 머릿속으로 상상한다.
- **감각적 시뮬레이션**: 볼이 클럽에 맞는 순간의 감각을 느끼며 연습한다.
- **심호흡과 결합**: 깊은 호흡을 하면서 긍정적인 이미지를 떠올린다.
- **반복적인 연습**: 반복적인 시각화 훈련을 통해 경기 중 긴장감 감소 및 퍼포먼스 유지.

4. 스윙 루틴과 시각화의 관계

스윙 루틴은 일관된 경기력을 유지하는 중요한 요소이며, 시각화와 결합하면 더욱 효과적이다. 루틴을 통해 선수는 심리적 안정을 찾고 불필요한 긴장을 줄일 수 있다.

■ 효과적인 스윙 루틴 구성 요소
- **타깃 시각화**: 백스윙을 하기 전에 볼이 목표에 도달하는 모습을 상상한다.
- **일정한 준비 과정**: 어드레스, 손의 위치, 클럽 페이스 조정을 일관되게 유지한다.
- **리듬과 타이밍 유지**: 동일한 루틴을 반복하여 일관된 스윙 템포를 만든다.
- **부정적 생각 차단**: 실수에 대한 걱정을 배제하고 긍정적인 결과만을 떠올린다.

5. 집중력 향상을 위한 뇌 훈련

뇌 훈련은 골프 경기 중 집중력을 극대화하는 중요한 과정이다. 뇌는 반복적인 훈련을 통해 집중력을 강화할 수 있으며, 다양한 기법을 활용하면 경기 중 높은 집중도를 유지할 수 있다.

■ 뇌 훈련 방법
- **마인드풀니스 명상**: 현재 순간에 집중하며 방해 요소를 차단하는 훈련을 한다.
- **집중력 게임 활용**: 시각적, 청각적 집중력을 향상시키는 퍼즐이나 게임을 활용한다.
- **뇌파 안정화 연습**: 일정한 리듬의 호흡과 이완법을 활용하여 정신적 피로를 줄인다.
- **단기 집중 훈련**: 10분 단위로 집중력을 유지 연습을 통해 경기시 집중 능력을 기른다.

타깃 집중과 시각화 훈련은 골프 경기에서 정확성을 높이고 안정적인 경기력을 유지하는 핵심 기술이다. 명확한 타깃 설정, 마인드 아이 훈련, 스윙 루틴 강화, 뇌 훈련을 병행하면 경기 중 자신감과 집중력을 높일 수 있다.

제10장. 멘탈을 유지하는 실전 기술

제10장. 멘탈을 유지하는 실전 기술

1. 시합 중 평정심 유지하기
골프 경기에서는 한 번의 실수나 외부 환경 요인으로 인해 쉽게 감정이 흔들릴 수 있다. 하지만 평정심을 유지하는 것은 경기력을 좌우하는 중요한 요소이다.

■ 평정심을 유지하는 방법
- **루틴 형성**:
  경기 중 동일한 준비 과정(예: 어드레스, 심호흡, 퍼팅 전 루틴)을 유지하여 감정 기복을 최소화한다.

- **실수에 대한 인식 변화**:
  실수를 학습의 기회로 받아들이고, 과거 실수를 곱씹지 않도록 한다.

- **외부 요인에 대한 면역력 키우기**:
  갤러리의 반응, 날씨 변화, 상대 선수의 플레이 등에 영향을 받지 않는 연습을 한다.

- **호흡 조절**:
  긴장되거나 감정이 흔들릴 때, 심호흡을 통해 심리적 안정을 찾는다.

2. 자기 인식과 감정 조절
골프는 단순히 물리적인 기술뿐만 아닌, 선수 개인의 심리적 상태에 크게 영향을 받는 스포츠라 할 수 있다. 특히 자신의 감정을 인식하고 조절하는 능력은 골프 경기력 향상에 핵심적인 역할을 하게 된다.

골퍼들은 경기 내내 다양한 감정 상태에 놓이게 되는데, 자신의 감정 변화를 인지하지 못하거나 적절하게 대처하지 못하면 경기력 저하로 이어질 수 있다. 예를 들어, 실수로 인한 좌절감이나 욕심으로 인한 긴장감은 골퍼의 집중력과 판단력을 흐트러뜨릴 수 있다. 반면에 좋은 샷에 대한 기쁨이나 성공적인 퍼팅으로 인한 자신감은 이후 경기에 긍정적인 영향을 미칠 것이다.

따라서 골퍼들은 자신의 감정 상태를 정확히 인지하고, 이를 상황에 맞게 조절할 수 있는 능력을 기르는 것이 중요하다. 구체적으로는 마음챙김, 이완 기법, 긍정적 자기 대화 등의 방법을 통해 자신의 내면 상태를 관찰하고 조절할 수 있다. 이를 통해 골퍼들은 경기 중 감정의 기복 없이 안정된 상태를 유지할 수 있으며, 더 나아가 최고의 경기력을 발휘할 수 있게 될 것이다.

3. 골프는 자신감의 게임

골프에서 자신감의 중요성을 말할 수 있다. 자신감이 골프 실력 향상의 열쇠라고 해도 과언이 아니다. 자신감이 있어야 마음의 여유와 집중력을 발휘할 수 있다. 불안감이나 두려움에 사로잡히면 스윙이 흐트러지고 실수할 확률이 높아진다. 자신감이 있어야 실수 후에도 금새 회복할 수 있다.

자신감 있게 스윙하면 긍정적인 결과도 따라온다. 자신감이 부족하면 공을 제대로 칠 수 없다. 자신감이 부족한 상태에서는 실력 발휘를 할 수 없다. 당신이 자신감 있게 임하면 비로소 실력 발휘를 할 수 있게 된다.

골프는 신체적 기술도 중요하지만, 정신적 태도가 더 큰 비중을 차지한다. 자신감이 있어야 두려움 없이 도전할 수 있다. 자신감이 없으면 실수를 두려워해서 소극적으로 플레이하게 된다. 자신감 있게 플레이하면 어려운 샷도 도전할 수 있게 된다.

따라서 골프에서 자신감은 실력 향상의 핵심적인 요소라고 할 수 있다. 자신감이 있어야 최고의 경기력을 발휘할 수 있으며, 실수를 두려워하지 않고 적극적으로 도전할 수 있게 된다. 자신감을 키우는 것이 골프 발전의 핵심이라고 말할 수 있겠다.

■ 도전을 즐겨라

골프는 끝없는 도전의 연속이야. 매번 새로운 상황과 장애물에 직면하게 되지만, 이를 어떻게 대하느냐에 따라 성장의 기회가 될 수 있어. 어려운 상황에 직면했을 때, 그냥 좌절하지 말고 이를 즐길 수 있는 자세를 갖는 게 중요해.

당신이 도전을 즐기게 되면, 어려운 상황에서도 긍정적인 마음가짐을 유지할 수 있어. 실패를 두려워하지 말고 오히려 그것을 새로운 배움의 기회라고 생각해. 매 순간 최선을 다하고 긍정적인 마음을 갖는다면, 분명 발전을 이룰 수 있을 것이다.

골프는 끊임없는 도전의 연속이지만, 그 속에서 재미와 성취감을 느낄 수 있어. 자신만의 방식으로 도전에 임하고 이를 즐기다 보면, 어느새 실력이 향상되고 골프가 더욱 재미있게 다가올 것이다. 때로는 좌절감이 밀려올 수 있겠지만, 포기하지 말고 계속해서 도전하는 자세가 필요해.

결국 골프에서의 도전은 인생에서의 도전과도 같아. 새로운 것에 도전하고 이를 즐기는 자세가 성공으로 이어질 것이다. 두려워하지 말고 긍정적인 마음가짐으로 계속해서 도전해 나가보는 건 어떨까?

■ 조언은 함부로 받지도 하지도 마라

골프를 하다 보면 주위에서 수많은 조언들이 쏟아져 나온다. 어떤 자세가 더 좋고, 어떻게 스윙해야 하며, 어떤 클럽을 고르는 것이 좋다고 말이다. 하지만 이런 조언들은 자칫 당신을 혼란에 빠뜨릴 수 있다.

결국 골프는 개인의 기술과 감각이 중요하기 때문에, 너무나 많은 조언들은 오히려 역효과를 초래할 수 있다. 당신이 익숙한 자신만의 스윙과 플레이 스타일을 포기하고, 남의 말만 듣다가는 오히려 실력이 떨어지게 될 것이다.

그러니 주변의 잔소리에 귀 기울이지 마라. 대신, 자신의 경험과 감각을 믿고 당당하게 자신의 길을 가는 게 중요하다. 물론 때때로 코치나 경험 많은 플레이어의 조언을 구하는 것도 도움이 될 수 있다. 하지만 그것이 당신을 혼란에 빠뜨리지 않도록 주의해야 한다. 결국 당신이 골프를 하는 이유와 목표를 명확히 하고, 그에 맞는 방식으로 플레이하는 것이 가장 중요하다.

■ 변명하지 마라

변명은 결코 도움이 되지 않는다. 오히려 자신의 발전을 가로막는 장벽이 되곤 한다. 골프를 잘하고자 한다면, 자신의 잘못을 인정하고 그에 따른 책임을 지는 자세가 필수적이다. 아무리 실수를 해도 변명으로 일관한다면, 같은 실수를 반복하게 되고 결과적으로 실력 향상은 요원해질 것이다.

책임을 지는 것은 쉽지 않은 일이다. 자존심이 상할 수도 있고, 다른 사람들의 눈치를 보게 되기도 한다. 하지만 이런 불편함을 기꺼이 견디어 내는 것이 중요하다. 자신의 잘못을 인정하고 개선해 나가는 과정에서 비로소 진정한 성장이 일어나기 때문이다.

실수를 인정하고 책임지는 용기 있는 자세는 주변 사람들에게도 좋은 영향을 미칠 수 있다. 다른 이들의 모범이 되어 그들의 발전까지 도울 수 있다. 나아가 자신의 성실함과 성장 의지를 보여줌으로써 타인의 존중과 신뢰도 얻을 수 있다. 이처럼 변명하지 않고 책임감 있게 행동하는 것은 자신은 물론 다른 이들까지도 발전시킬 수 있는 중요한 태도인 것이다.

■ 평상심을 유지하라

평정심을 유지하는 것은 골프를 잘하기 위해 정말 중요한 요소야. 어떤 상황에서도 마음을 안정되게 유지할 수 있어야 해. 스윙을 하든 퍼팅을 하든, 혹은 좋은 결과가 나오든 나오지 않든 간에 늘 침착하고 여유로운 자세가 필요하다.

경기 중에 실수를 하더라도 당황하거나 예민해지지 말아야 해. 차근차근 해결책을 찾고 다음 샷에 집중하는 게 중요해. 감정적으로 동요되면 플레이에 악영향을 미치게 되니까 말이야. 골프에서는 감정을 제어하는 힘이 정말 중요하다.

또한 좋은 결과가 나오더라도 과도하게 기뻐하거나 들뜨지 말아야 해. 차분히 자신의 플레이를 돌아보고 다음을 위한 계획을 세우는 게 도움이 될 것이다. 계속해서 평정심을 유지하면 일관된 플레이를 할 수 있게 될 거라고 확신한다.

4. 자기 암시와 긍정적 사고

자기 암시(Self-Suggestion)는 선수의 자신감을 강화하고 경기 중 불안을 줄이는 효과적인 방법이다. 긍정적 사고는 집중력을 높이고 위기 상황에서도 최상의 퍼포먼스를 유지하는 데 도움이 된다.

■ 자기 암시 기법

- **긍정적인 문장 반복**:
  "나는 차분하다", "나는 최고의 샷을 할 수 있다" 등의 문장을 경기 중 계속 반복한다.

- **미리 성공을 경험하기**:
  공이 원하는 곳으로 날아가는 모습을 머릿속으로 이미지화하며 자신감을 고취한다.

- **자신만의 파워 단어 설정**:
  짧지만 강한 의미를 지닌(예: "강하다", "집중")를 경기 중 반복하여 멘탈을 강화한다.

5. 스트레스 관리와 회복

골프에서 스트레스는 선수들의 경기력에 큰 영향을 미친다. 경기장에서 겪게 되는 스트레스는 집중력 저하, 긍정적 마음가짐 상실, 기술 실수 등으로 이어질 수 있어 적절한 관리가 필요하다. 뿐만 아니라 경기 후 충분한 회복 없이 다음 경기에 임하면 피로가 누적되어 결국 경기력 저하로 이어지게 된다. 그렇기에 선수들은 스트레스를 효과적으로 관리하고 적절한 회복 시간을 가져야 한다.

스트레스의 정의부터 살펴보자. 스트레스란 선수 개인이 경기 상황이나 환경에 적절히 대처하지 못할 때 경험하게 되는 긴장감, 불안감 등을 의미한다. 예를 들어 중요한 대회를 앞두고 경기 결과에 대한 부담감이 크거나, 슬럼프에 빠져 자신감을 잃었을 때 선수들은 심각한 스트레스를 겪게 된다. 이런 상황에서 선수들은 집중력이 떨어지고, 실수가 잦아지며, 경기 수행 능력이 저하되는 등의 부정적인 영향을 받게 된다.

그렇다면 선수들은 어떤 방법으로 스트레스를 관리할 수 있을까? 가장 기본적인 것은 자신의 스트레스 수준을 정확히 파악하고 관리하는 것이다. 평소 자신이 스트레스에 어떻게 반응하는지, 어떤 상황에서 스트레스가 높아지는지를 인지하는 것이 중요하다. 그리고 명상, 요가, 걷기 등의 활동을 통해 스트레스를 해소할 수 있다. 또한 가족이나 코치 등 신뢰할 수 있는 사람들과 스트레스 상황에 대해 이야기 나누며 조언을 구하는 것도 도움이 된다. 이처럼 다양한 방법을 활용하여 선수 개인에게 가장 효과적인 스트레스 관리 전략을 찾아야 한다.

마지막으로 경기 후 선수들의 회복에 대해 살펴보자. 경기를 마친 선수들은 육체적, 정신적 피로감을 느끼게 된다. 이때 충분한 휴식과 회복 시간을 가져야 다음 경기에 대비할 수 있다. 단순히 수면을 취하거나 집에 돌아가 쉬는 것뿐만 아니라 명상, 스트레칭, 영양 섭취 등 다양한 활동을 통해 몸과 마음의 균형을 회복해야 한다. 그리고 경기 결과에 대해 코치나 동료들과 솔직하게 이야기를 나누며 자신의 경기 수행을 되돌아보는 것도 도움이 될 것이다. 이처럼 체계적인 회복 과정을 거치면 선수들은 다음 경기에 대한 집중력과 자신감을 회복할 수 있다.

골프 선수들에게 스트레스 관리와 회복은 경기력 향상을 위해 매우 중요하다. 자신의 스트레스 수준과 반응 양상을 파악하고, 이를 해소할 수 있는 다양한 방법을 활용해야 한다. 또한 경기 후에는 충분한 휴식과 회복 활동을 통해 다음 경기에 대비해야 한다. 이러한 노력을 통해 선수들은 보다 안정적이고 성공적인 경기 수행을 할 수 있을 것이다.

■ 스트레스의 이해

스트레스는 골프 선수들에게 매우 큰 걸림돌이 되곤 합니다. 경기장에서 발생하는 여러 가지 압박감과 긴장감은 선수들의 신체와 정신에 큰 부담을 줍니다. 스트레스는 근육 긴장, 동작 불안정, 집중력 저하로 이어져 결국 경기력 저하까지 이어지게 된다.

특히 중요한 대회를 앞두고 선수들은 과도한 긴장으로 인해 극심한 스트레스를 받게 된다. 이럴 때 선수들은 자신감 결여, 두려움, 초조함 등의 부정적인 감정에 휩싸이게 되죠. 이런 상황에서는 제대로 된 집중력을 발휘할 수 없기에 경기 수행에 큰 어려움을 겪게 된다.

뿐만 아니라 골프는 개인 스포츠이기에 선수 개개인의 멘탈 관리가 중요합니다. 다른 선수들과의 직접적인 경쟁이 없는 골프에서는 선수 자신과의 싸움이 더욱 중요해집니다. 따라서 선수들은 자신의 스트레스 수준을 잘 파악하고 관리해야 합니다. 그래야만 경기력 향상과 더불어 정신적 안정을 유지할 수 있게 되는 것이다.

■ 스트레스 관리 기법

골프는 스트레스에 매우 취약한 종목이다. 경기장에서 끊임없이 쏟아지는 압박감과 긴장감은 선수들에게 큰 부담을 준다. 이러한 스트레스를 효과적으로 관리하지 못한다면, 경기력 저하는 물론 부상과 심리적 문제까지 야기될 수 있다. 따라서 스트레스 관리는 골프 선수들에게 매우 중요한 문제라 할 수 있다.

▶ **스트레스를 관리하기 위한 다양한 기법들이 있다.**

- **첫째,** 규칙적인 운동을 하는 것이다. 운동은 스트레스를 해소하고 정신적 안정을 가져다 준다. 골프 선수들은 경기 외에도 다른 스포츠를 즐기며 몸과 마음의 균형을 유지해야 한다.

- **둘째,** 명상이나 요가와 같은 마음챙김 실천을 하는 것이다. 이를 통해 선수들은 현재에 초점을 맞추고 자신의 감정과 생각을 조절할 수 있게 된다. 경기 전후로 10-20분씩 마음챙김 연습을 하면 큰 도움이 될 것이다.

- **셋째,** 충분한 휴식과 수면을 취하는 것이다. 경기에 대한 스트레스로 인해 수면의 질이 떨어지면 집중력과 판단력이 저하될 수 있다. 따라서 선수들은 규칙적인 수면 패턴을 유지하고, 적절한 휴식을 취해야 한다.

- **넷째,** 사회적 관계를 유지하는 것이다. 가족, 친구, 동료들과의 교류는 스트레스를 해소하고 정서적 지지를 받을 수 있게 해준다. 선수들은 경기 외에도 다양한 사회활동을 통해 스트레스를 관리해야 한다.

이처럼 규칙적인 운동, 마음챙김 실천, 충분한 휴식, 사회적 관계 유지 등 다양한 스트레스 관리 기법들을 활용하면, 골프 선수들은 심리적 안정을 얻고 경기력을 향상시킬 수 있을 것이다. 이러한 노력을 통해 선수들은 더욱 건강하고 성공적인 골프 인생을 살아갈 수 있을 것이다.

■ 회복의 중요성

경기가 끝나고 나면 많은 선수들이 지쳐 있는 모습을 볼 수 있다. 하지만 이때 충분한 회복을 취하지 않으면 다음 경기를 제대로 치르기 어렵습니다. 경기력 향상을 위해서는 회복의 과정이 매우 중요하다는 걸 명심해야 합니다.

당신이 경기에서 최선을 다했다면, 이제는 몸과 마음을 충분히 休息할 시간이 필요합니다. 경기가 끝났다고 해서 운동을 계속하거나 다른 일상적인 활동에 몰두하는 건 좋지 않아. 오히려 휴식을 취하면서 당신의 심신을 재충전하는 게 중요해.

경기 후 회복 방법에는 여러 가지가 있다. 우선 충분한 수면을 취하는 게 가장 중요해요. 수면은 근육 재생과 스트레스 해소에 도움을 줍니다. 그리고 영양분 섭취도 빼놓을 수 없죠. 경기 후에는 몸에 필요한 영양분을 보충해줘야 합니다. 또한 명상이나 스트레칭 등의 이완 활동도 도움이 될 거예요. 이런 방법들을 통해 당신의 몸과 마음이 편안해질 거라 믿습니다.

회복은 경기력 향상의 필수 과정이라고 할 수 있어. 경기를 위해 열심히 노력했다면, 이제는 당신 자신을 위해 휴식을 취해야 해. 그리고 다음 경기를 위해 몸과 마음을 재충전하는 것이다. 잘 쉬고 잘 먹으며 스트레스를 관리한다면, 다음 경기에서 더 좋은 모습을 보여줄 수 있을 것이다.

■ 스트레스 관리와 이완 기술

경기 중 스트레스를 효과적으로 관리하면 멘탈이 안정되고 경기력도 향상된다. 적절한 이완 기술을 활용하면 긴장감을 줄이고 평정심을 유지할 수 있다.

■ 스트레스 관리 방법
- **긴장 완화 호흡법**: 천천히 깊게 들이마시고 길게 내쉬면서 신체와 정신을 이완한다.
- **근육 이완 기법**: 경기 전후로 몸의 긴장을 감소 및 스트레칭을 통해 근육을 이완한다.
- **음악 활용**: 경기 전후로 긴장을 풀어줄 수 있는 편안한 음악을 듣는다.
- **심상 훈련(Visualization)**: 성공적인 샷을 떠올리며 심리적 안정을 찾는다.

6. 심리적 압박에서 벗어나기 위한 훈련

골프는 경기 후반부로 갈수록 심리적 압박이 증가할 수 있는 스포츠다. 이러한 압박감을 효과적으로 다스리기 위해서는 심리적 강인함을 길러야 한다.

■ 심리적 압박에서 벗어나기 위한 훈련법

- **압박 상황에서 연습**:
연습할 때 일부러 긴장감을 조성하여 경기 중 발생할 수 있는 압박감에 대비한다.

- **목표를 작은 단위로 나누기**:
전체 경기 결과에 대한 부담감을 줄이기 위해 한 샷, 한 홀씩 집중한다.

- **부정적 사고 차단**:
"이 퍼팅을 실패하면 안 된다"가 아닌 "이 퍼팅을 성공시키기 위해 최선을 다하자" 같은 긍정적인 언어로 사고를 전환한다.

- **멘탈 코칭 활용**: 전문 멘탈 코치를 통해 개인 맞춤형 멘탈 트레이닝을 진행한다.

멘탈을 유지하는 실전 기술은 골프 경기에서 높은 집중력과 최상의 경기력을 발휘하는 데 필수적이다. 평정심을 유지하고, 자기 암시를 활용하며, 스트레스 관리와 압박감을 다루는 훈련을 지속적으로 실천하면, 보다 안정적인 플레이를 펼칠 수 있다.

제11장. 골프에서 감정 관리 전략

제11장. 골프에서 감정 관리 전략

1. 부정적인 감정을 다루는 방법
골프 경기 중 부정적인 감정(좌절, 분노, 불안)은 경기력에 악영향을 미칠 수 있다. 이를 효과적으로 다루는 것이 안정적인 플레이를 유지하는 핵심이다.

■ **부정적인 감정을 다루는 전략**
- **감정 인식과 수용**: 감정을 억누르기보다 인정하고 이를 분석하여 대처한다.
- **즉각적인 감정 해소법**: 심호흡, 짧은 산책, 루틴을 통해 감정을 안정시킨다.
- **부정적인 사고 전환**: "나는 실수를 했어" 대신 "이 실수를 통해 배울 수 있어"라는 긍정적 해석을 한다.
- **감정 리셋 루틴 활용**: 실수 후 빠르게 감정을 정리할 수 있는 개인적인 리셋 방법을 만든다.

2. 긍정적인 감정 활용법
긍정적인 감정(자신감, 흥분, 기대감)은 경기력 향상에 기여할 수 있으며, 이를 효과적으로 활용하는 것이 중요하다.

■ **긍정적인 감정을 높이는 방법**
- **성공 경험 회상**: 과거의 좋은 경기 경험을 떠올리며 자신감을 키운다.
- **자기 보상 시스템 구축**: 작은 성취를 축하하며 동기부여를 지속한다.
- **긍정적인 자기 암시 활용**: "나는 이 퍼팅을 성공할 수 있다" 같은 문구를 사용한다.
- **동료 및 코치의 피드백 활용**: 긍정적인 피드백을 듣고 자신감을 유지한다.

3. 감정 조절을 위한 훈련 프로그램
감정을 조절하는 능력은 훈련을 통해 향상될 수 있다. 감정 조절을 위한 체계적인 프로그램을 활용하면 경기 중 감정 기복을 줄일 수 있다.

■ **감정 조절 훈련법**
- **심호흡 및 명상 연습**: 경기 전후로 호흡 조절과 명상을 통해 감정 기복을 최소화한다.
- **시각화 훈련**: 긍정적인 경기 흐름을 상상하며 감정을 통제하는 연습을 한다.
- **긴장 해소 루틴 개발**: 경기 중 긴장을 줄이기 위한 개별적인 루틴을 설정한다.
- **감정 일기 작성**: 자신의 감정을 기록하고 분석하여 패턴을 파악하고 개선한다.

4. 경기 중 감정 컨트롤 성공 사례

세계적인 골퍼들은 감정 관리를 철저히 하며, 이를 통해 위기 상황에서도 최상의 경기력을 유지한다.

■ 감정 컨트롤 성공 사례

▶ 필 미켈슨(Phil Mickelson)
- 실수를 빠르게 인정하고 다음 샷에 집중하는 멘탈 습관을 가짐.
- 경기 중 감정을 조절하는 루틴을 철저히 유지함.

▶ 브룩스 켑카(Brooks Koepka)
- 위기 상황에서도 침착함을 유지하며 감정을 절제하는 능력이 뛰어남.
- 감정 기복이 적어 경기 내내 일관된 경기력을 유지함.

▶ 넬리 코다(Nelly Korda)
- 긍정적인 사고를 유지하며 실수를 성장의 기회로 활용함.
- 자신만의 감정 조절 루틴(예: 심호흡, 루틴 유지)을 활용하여 평정심을 유지함.

골프에서 감정 관리는 경기력에 직접적인 영향을 미친다. 부정적인 감정을 효과적으로 다루고, 긍정적인 감정을 극대화하며, 감정 조절을 위한 훈련을 지속하면 경기 중 멘탈을 안정적으로 유지할 수 있다. 세계적인 선수들의 사례를 참고하여 자신만의 감정 관리 전략을 개발하는 것이 중요하다.

제12장. 골프 심리학을 활용한 실전 코칭

제12장. 골프 심리학을 활용한 실전 코칭

1. 멘탈 훈련의 중요성

 골프에서 멘탈 훈련의 중요성은 아무리 강조해도 지나치지 않을 것이다. 실제로 상위 프로 선수들의 경우 기술적인 면에서는 큰 차이가 없지만, 바로 이 멘탈 훈련이 그들을 더욱 돋보이게 만드는 핵심 요인이라고 할 수 있다.

 멘탈 훈련은 단순히 스트레스를 관리하고 집중력을 높이는 것뿐만 아니라, 자신감을 향상시키고 긍정적인 마음가짐을 유지할 수 있게 해준다. 골프는 순간의 실수나 흔들림이 곧바로 결과로 이어지는 스포츠이기 때문에, 이를 극복하고 안정적으로 플레이하는 것이 매우 중요하다. 멘탈 훈련을 통해 선수들은 어려운 상황에서도 침착하게 대처할 수 있게 되는 것이다.

 특히 시각화 기법은 멘탈 훈련에서 큰 효과를 발휘한다. 성공적인 샷을 마음속으로 생생하게 그려내는 것은 실제 플레이에서 그 이미지를 구현하는 데 도움을 준다. 또한 호흡 조절과 이완 기술은 긴장을 풀고 집중력을 높이는 데 탁월한 방법이다. 자신감 있는 자기 대화 역시 중요한데, 부정적인 생각을 긍정적으로 전환하는 연습이 필요하다.

 이처럼 멘탈 훈련은 골프 실력 향상의 핵심 열쇠이다. 단순히 기술적인 부분에만 집중할 것이 아니라, 정신적인 측면의 관리와 훈련에도 힘써야 할 것이다. 정규적인 멘탈 훈련을 통해 골퍼들은 자신감 넘치는 플레이를 펼칠 수 있을 것이다.

2. 멘탈 훈련의 기본 원칙

 멘탈 훈련의 기초를 이해하고 실천하는 것은 골프 실력 향상에 있어 매우 중요하다. 단순히 기술을 연마하는 것만으로는 부족하다. 골프는 마음가짐과 태도가 핵심이기 때문이다. 멘탈 훈련을 통해 자신의 마음을 조절하고, 집중력을 높이며, 자신감을 기를 수 있다. 이는 곧 안정적이고 성공적인 플레이로 이어지게 된다.

 멘탈 훈련의 첫 번째 기본은 바로 '자기 이해'이다. 자신의 성격, 습관, 강점과 약점을 정확히 파악해야 한다. 이를 바탕으로 자신에게 맞는 맞춤형 멘탈 훈련을 설계할 수 있다. 예를 들어 과도한 긴장감이 있다면 호흡 조절 훈련을, 주의 집중력이 부족하다면 시각화 기법을 활용하는 게 좋을 것이다.

 또한 멘탈 훈련에 있어 꾸준함과 지속성이 중요하다. 일회성 훈련으로는 한계가 있다. 매일 규칙적으로 연습하고, 상황에 맞게 유연하게 활용할 수 있어야 한다. 이를 위해 멘탈 훈련을 일상생활에 통합하는 것이 필요하다. 운동하는 동안, 샷을 준비하는 순간, 라운딩 도중 등 다양한 시간에 멘탈 훈련을 실천해 보자.

 마지막으로 멘탈 훈련에 있어 객관적인 피드백이 중요하다. 자신의 변화와 발전 정도를 파악하고, 그에 맞는 조정을 해나가야 한다. 코치나 심리 전문가의 조언을 구하는 것도 도움이 될 것이다. 이를 통해 보다 효과적이고 체계적인 멘탈 훈련을 할 수 있을 것이다.

 이처럼 멘탈 훈련의 기초를 이해하고 실천하는 것은 골프 실력 향상에 필수적이다. 자기 이해, 지속성, 객관적인 피드백 등 기본 원칙을 지켜나간다면 골프에서의 성공을 거둘 수 있을 것이다.

3. 아마추어와 프로의 멘탈 훈련 차이

아마추어와 프로 골퍼는 멘탈 훈련의 방식에서 차이를 보인다. 프로 선수들은 경기 중 다양한 심리적 요소를 고려하며 훈련하지만, 아마추어들은 이를 간과하는 경우가 많다.

■ 주요 차이점

- **훈련의 체계성**:
  프로 선수들은 멘탈 훈련을 정기적으로 수행하는 반면, 아마추어들은 필요할 때만 활용하는 경향이 있다.

- **루틴의 확립**:
  프로들은 경기 전후로 일관된 루틴을 따르며, 이는 경기력 안정에 도움을 준다.

- **위기 대처 능력**:
  프로들은 실수 후 감정 조절과 회복이 빠르지만, 아마추어들은 쉽게 흔들리는 경향이 있다.

- **멘탈 코칭 활용**:
  프로들은 스포츠 심리학자를 활용하는 경우가 많지만, 아마추어들은 멘탈 코칭의 중요성을 간과하는 경우가 많다.

4. 경기 중 심리적 기술

우리가 경기에서 가장 많이 마주하게 되는 것은 바로 심리적인 압박감이다. 골프장에 들어서면 늘 긴장감이 감돌고, 중요한 순간에는 더욱 심한 스트레스와 걱정이 엄습해 온다. 하지만 바로 이러한 심리적 요인이 우리의 경기력을 좌우하는 결정적인 역할을 한다는 사실을 알고 있는가?

경기 중 심리적 기술을 제대로 활용한다면, 이런 부정적인 감정을 효과적으로 관리하고 극복할 수 있다. 먼저 집중력 향상 기법부터 살펴보자. 골프에서 집중력은 매우 중요한데, 순간의 방심으로도 큰 실수를 범할 수 있기 때문이다. 깊이 있는 호흡법이나 긍정적인 자기암시 등을 통해 선수 본인의 집중력을 높일 수 있다.

또한 긍정적인 사고의 힘도 간과할 수 없다. 긍정적인 마음가짐을 갖는 것만으로도 경기력 향상에 큰 도움이 된다. 실수를 두려워하지 말고 성공에 대한 강한 믿음을 갖자. 이러한 긍정적인 마음가짐이 실제 경기력으로 이어지게 된다.

마지막으로 상상력과 시각화도 강력한 심리적 기술이 될 수 있다. 경기 전에 실제 경기장과 퍼팅 라인을 머릿속으로 그려보고, 완벽한 스윙을 상상해 보자. 이렇게 정신적으로 연습하면 실제 경기에서도 더욱 수월하게 기술을 구현할 수 있다.

이처럼 경기 중 활용할 수 있는 다양한 심리적 기술들을 익히고 연습한다면, 우리는 경기력 향상과 더불어 경기에 대한 두려움도 극복할 수 있을 것이다. 자신감 넘치는 플레이를 펼치며 꿈의 골프 라운드를 경험할 수 있을 것이다.

5. 경기 중 심리 전략 적용법

경기 중 심리 전략을 적절히 활용하면 집중력과 경기력을 극대화할 수 있다.

■ 실전에서 적용할 수 있는 주요 전략
- **프리 샷 루틴**: 매 샷 전에 동일한 루틴을 유지하여 집중력을 높인다.
- **긍정적 자기 암시**: "이 샷을 성공할 수 있다" 같은 긍정적 문구 반복 자신감 유지.
- **마인드풀니스 활용**: 현재 순간에 집중하고 불필요한 생각을 줄인다.
- **위기 상황 대처법**: 실수 후 감정을 빠르게 정리 후 다음 샷에 집중하는 기술을 연습
- **호흡 조절 기법**: 경기 중 긴장될 때 심호흡을 통해 몸과 마음을 안정시킨다.

6. 멘탈이 강한 골퍼가 되기 위한 체크리스트

멘탈이 강한 골퍼가 되기 위해서는 특정한 요소들을 지속적으로 점검해야 한다.

■ 체크리스트
- ✔ 경기 중 감정을 조절할 수 있는가?
- ✔ 실수 후 빠르게 회복할 수 있는가?
- ✔ 경기 중 일관된 루틴을 유지하는가?
- ✔ 긍정적인 자기 암시를 활용하는가?
- ✔ 경기 후 피드백을 통해 개선점을 찾는가?
- ✔ 집중력 강화를 위한 훈련을 하고 있는가?
- ✔ 경기 중 긴장감을 관리할 수 있는가?

항목들을 지속적으로 점검하고 개선해 나가면, 보다 강한 멘탈을 가진 골퍼로 성장할 수 있다.

7. 선수별 맞춤형 멘탈 코칭 사례

멘탈 코칭은 개인의 특성과 경기 스타일에 맞춰 적용되어야 한다. 아래는 대표적인 맞춤형 멘탈 코칭 사례들이다.

■ 사례 1: 경기 후반 집중력 저하 문제
- **대상 선수**: 중급 아마추어 골퍼
- **문제점**: 경기 후반으로 갈수록 집중력이 떨어지고 실수가 잦음
- **해결책**: 루틴 강화를 통해 후반 집중력을 유지하는 연습 진행, 마인드풀니스 훈련 추가

■ 사례 2: 퍼팅 시 과도한 긴장감
- **대상 선수**: 퍼팅 시 긴장하는 프로 골퍼
- **문제점**: 중요한 퍼팅에서 손 떨림과 긴장으로 실수 발생
- **해결책**: 심호흡 훈련과 시각화 연습을 통해 긴장 완화, 루틴 확립

■ 사례 3: 대회 중 감정 기복 문제
- **대상 선수**: 감정 기복이 심한 젊은 골퍼
- **문제점**: 경기 초반 실수로 인해 감정적으로 흔들려 전체 경기에 영향 미침
- **해결책**: 감정 조절 루틴 개발 및 심리 상담을 병행하여 멘탈 강화

골프에서 멘탈 코칭은 경기력 향상을 위한 필수 요소이다. 아마추어와 프로의 차이를 이해하고, 경기 중 심리 전략을 적절히 활용하며, 멘탈 강화를 위한 체크리스트를 실천하면 보다 안정적인 경기력을 유지할 수 있다. 또한, 개인별 맞춤형 멘탈 코칭을 통해 각자의 약점을 보완하면 더욱 강한 멘탈을 가진 골퍼로 성장할 수 있다.

제13장. 코치와 선수의 역할

제13장. 코치와 선수의 역할

1. 멘탈 코칭에서 코치의 역할
멘탈 코칭에서 코치는 단순한 기술 지도자가 아니라, 선수의 심리적 안정과 성장에 중요한 역할을 한다. 선수의 멘탈 강화를 위해 코치는 전략적인 접근이 필요하다.

■ **코치의 주요 역할**
- **심리적 안정 제공**: 선수의 긴장과 불안을 줄이기 위한 심리적 지원 제공.
- **멘탈 피드백 제공**: 선수의 경기 후 심리적 상태를 분석하고 피드백을 전달.
- **동기 부여**: 선수의 목표 설정을 돕고, 지속적인 동기 유지를 위한 전략 개발.
- **멘탈 훈련 계획 수립**: 선수의 성향에 맞춘 맞춤형 멘탈 훈련 프로그램 기획.
- **위기 관리**: 경기 중 발생하는 심리적 위기를 빠르게 해결할 수 있도록 코칭.

2. 선수 자신이 할 수 있는 멘탈 훈련
멘탈 코칭이 효과를 발휘하기 위해서는 선수 스스로도 멘탈 훈련을 지속적으로 수행해야 한다. 이는 코치의 지도 외에 개별적으로 실행할 수 있는 필수적인 과정이다.

■ **선수의 멘탈 훈련 방법**
- **일관된 루틴 유지**: 경기 전후 루틴을 정립하여 심리적 안정감을 확보.
- **자기 암시 기법 활용**: "침착하게 경기에 집중할 수 있다" 등 긍정적인 자기대화 지속.
- **시각화 훈련**: 경기 전 성공적인 샷과 퍼팅을 머릿속 이미지화하여 실제 경기와 연결.
- **감정 기록**: 경기 중 감정의 변화를 기록하여 패턴을 분석하고 개선.
- **멘탈 복기**: 경기 후 자신의 심리 상태를 되돌아보고 문제점을 개선하는 연습.

3. 장기적인 멘탈 강화 계획 수립
멘탈 훈련은 단기적인 개선이 아니라 장기적인 계획 아래 지속적으로 이루어져야 한다. 이를 위해 코치와 선수는 함께 장기적인 멘탈 강화 계획을 수립해야 한다.

■ **장기적인 멘탈 강화 전략**
- **단계별 목표 설정**: 단기, 중기, 장기 목표를 설정하여 지속적인 개선 유도.
- **정기적인 멘탈 평가**: 매 경기 후 선수의 심리 상태를 점검하고 발전 방향을 모색.
- **멘탈 트레이닝 통합**: 기술 훈련과 함께 멘탈 훈련을 정기적으로 포함.
- **실패 경험 활용**: 실패를 성장의 기회로 삼고 이를 통해 심리적 내구력을 강화.
- **자신만의 심리 조절 기법 개발**: 개별적인 멘탈 훈련 방법을 찾아 맞춤형 접근법 유지.

4. 코치와 선수 간 신뢰 구축 방법

코치와 선수 간 신뢰가 형성되지 않으면 효과적인 멘탈 코칭이 이루어지기 어렵다. 신뢰는 단순한 경기 지도뿐만 아니라 심리적 안정과 성장에도 중요한 역할을 한다.

■ 신뢰 구축을 위한 핵심 요소
- **개방적 소통 유지**: 선수와 코치는 서로의 생각과 감정을 솔직하게 공유해야 한다.
- **일관성 있는 피드백 제공**: 훈련과 경기 후 코치는 선수에게 긍정적이고 실용적인 피드백을 제공해야 한다.
- **선수 개별 성향 존중**: 모든 선수는 다르므로 개별적인 접근이 필요하다.
- **멘탈 성장 지원**: 단순한 경기 결과가 아니라 선수의 멘탈 성장을 돕는 역할 수행.
- **상호 신뢰 기반 구축**: 선수와 코치가 함께 목표를 설정하고 이를 공유하며 협력하는 환경 조성.

멘탈 코칭에서 코치와 선수의 역할은 매우 중요하며, 상호 신뢰를 기반으로 한 효과적인 멘탈 훈련이 필요하다. 코치는 선수의 멘탈을 강화하는 전략을 제공하고, 선수는 이를 실천하며 지속적인 발전을 이뤄야 한다. 장기적인 멘탈 강화 계획과 개별 맞춤형 접근을 통해 최상의 경기력을 유지할 수 있도록 해야 한다.

제14장. 골프 멘탈 훈련 실전 가이드

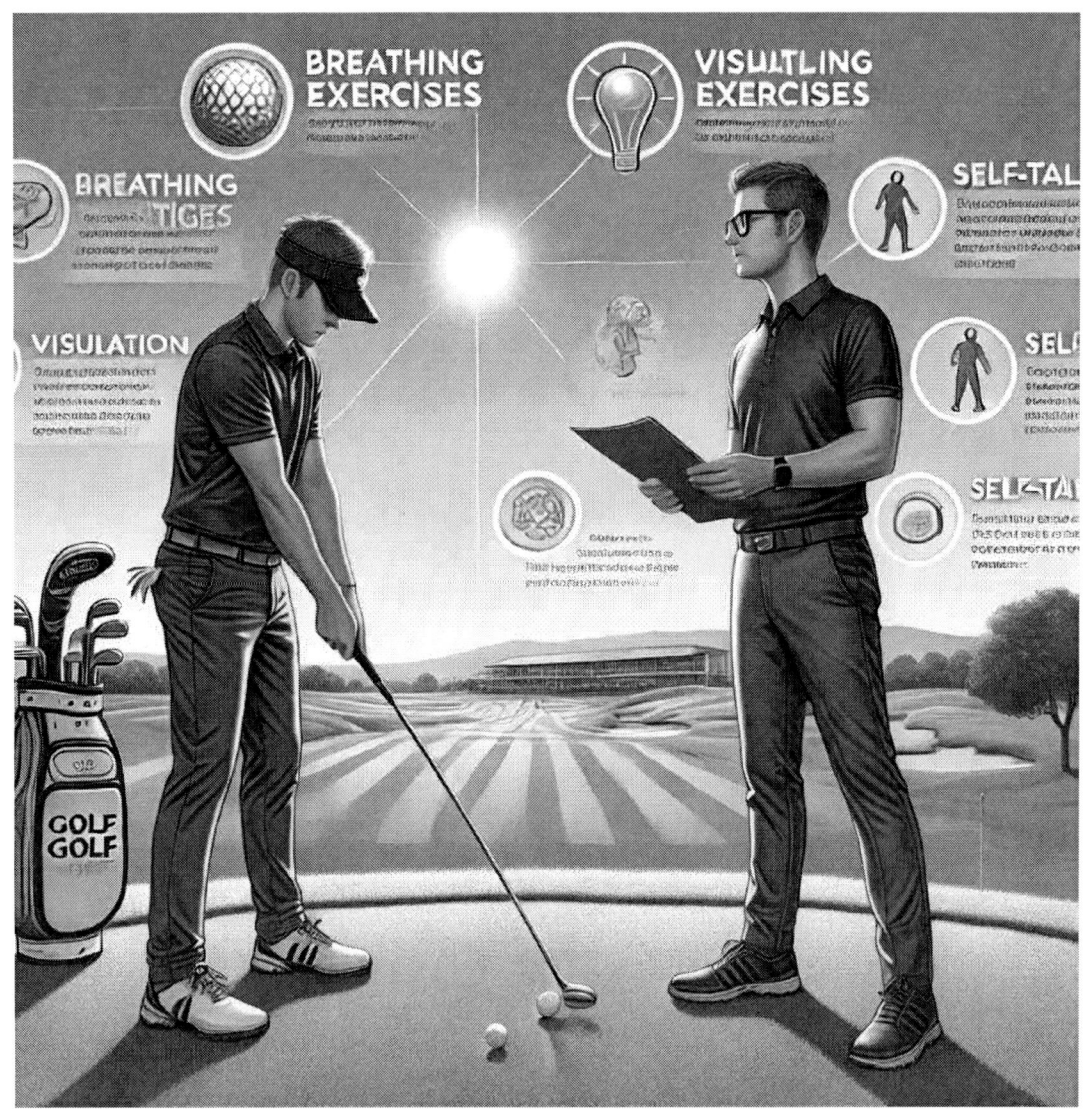

제14장. 골프 멘탈 훈련 실전 가이드

1. 골프에서의 집중력

골프에서 집중력은 당신의 성공을 좌우하는 가장 중요한 요소가 될 것이다. 과연 그것이 무엇일까? 집중력은 당신의 샷을 정확하고 일관되게 만들어 줄 것이며, 경기 내내 실수 없이 플레이할 수 있도록 이끌어 줄 것이다. 퍼트를 할 때에도 집중력이 있어야 실수 없이 정확하게 퍼팅할 수 있을 것이다.

골프를 잘하는 사람들은 모두 뛰어난 집중력을 갖고 있다. 그들은 샷을 할 때마다 타깃에만 완전히 집중하며, 경기 중에도 방해받지 않고 플레이에 몰두한다. 그렇기에 그들은 상황에 맞는 최선의 샷을 할 수 있는 것이다.

그렇다면 어떻게 집중력을 높일 수 있을까? 우선 긍정적인 자기암시를 통해 자신감을 높이는 것이 중요하다. 그리고 경기 전에 충분한 준비운동과 긴장 풀기를 하는 것도 도움이 된다. 또한 호흡 조절 기법을 익혀 심리적 안정을 취하는 것도 좋은 방법이다. 경기 중에는 방해받지 않도록 주변 환경을 통제하고, 오직 플레이에만 몰두하는 것이 중요하다.

이처럼 집중력을 기르고 유지하는 것이 골프 실력 향상을 위해 매우 중요하다. 열심히 연습하고 노력한다면 언젠가 당신도 그들처럼 경기에서 최고의 집중력을 발휘할 수 있을 것이다.

2. 집중력의 중요성

집중력은 골프 실력 향상에 있어 매우 중요한 요소이다. 아무리 기술이 뛰어나다 해도 그것을 제대로 발휘하려면 집중력이 뒷받침되어야 한다. 골프라는 스포츠는 시시각각 변화하는 상황에서 순간적인 판단과 동작이 요구되기 때문에, 선수의 높은 집중력이 필수적이다.

공을 정확하게 타격하려면 티샷 순간 타깃에 대한 집중력이 필요하다. 오른 스윙을 하는 동안 순간적으로 방심하게 되면 공은 원하는 방향으로 날아가지 않을 것이다. 다운스윙에서도 집중력이 흐트러지면 타구가 제대로 이뤄지지 않는다.

퍼팅에서도 집중력은 결정적이다. 홀컵을 향해 공을 밀어넣을 때 온 신경이 공과 홀컵에 집중되어 있어야 한다. 순간의 방해물이나 생각에 사로잡히면 퍼트는 실패로 이어질 수밖에 없다.

이처럼 골프에서 집중력은 단 한순간도 방심할 수 없는 필수적인 능력이다. 경기 내내 최고의 집중력을 발휘해야만 실수 없는 플레이가 가능하다. 골프선수는 끊임없는 훈련을 통해 집중력을 향상시켜 실력 향상의 기반을 마련해야 한다.

3. 집중력을 높이는 방법

골프에서 집중력은 매우 중요한 요소야. 그런데 어떻게 하면 집중력을 향상시킬 수 있을까? 다양한 기법을 활용해보는 것이 좋겠어.

먼저, 호흡 조절이 도움이 돼. 깊은 숨을 천천히 들이마시고 내쉬는 연습을 하면 긴장감을 풀고 마음을 안정시킬 수 있어. 또한 명상이나 요가와 같은 활동도 집중력을 기르는데 효과적이야.

그리고 시각화 기법도 활용해보는 게 좋아. 성공적으로 샷을 하는 자신의 모습을 상상해보면서 실제로 그렇게 해낼 수 있다는 자신감을 가지는 것이다. 이렇게 성공적인 장면을 떠올리면 실제 경기에서도 잘할 수 있을 거라는 믿음이 생기게 돼.

또한 주변의 방해를 차단하고 오로지 타깃에만 초점을 맞추는 연습도 필요해. 소음이나 움직이는 것들에 신경 쓰지 말고 오직 공과 타깃에만 집중하는 것이 중요해. 이렇게 점점 집중력을 기르다 보면 실제 경기에서도 더욱 안정된 플레이를 펼칠 수 있을 것이다.

이처럼 호흡 조절, 시각화, 타깃 집중 등 다양한 기법들을 활용해서 집중력을 향상시킬 수 있어. 규칙적으로 연습하다 보면 점점 더 집중력이 좋아질 거라 믿어 의심치 않아.

4. 경기 전 준비 루틴

경기 전 멘탈 준비는 경기력을 결정짓는 중요한 요소이다. 좋은 루틴을 확립하면 긴장을 줄이고, 자신감을 높이며, 집중력을 극대화할 수 있다.

■ 효과적인 경기 전 준비 루틴

① **몸과 마음을 깨우는 루틴**: 가벼운 스트레칭과 심호흡을 통해 신체적, 정신적 긴장을 완화한다.
② **샷 시각화 연습**: 자신이 경기 중 수행할 스윙과 샷을 머릿속으로 이미지화 .
③ **긍정적 자기 암시**: "나는 최상의 플레이를 할 준비가 되었다"와 같은 긍정적인 메시지를 자신에게 전달한다.
④ **프리 샷 루틴 점검**: 경기 중 적용할 루틴을 경기 전에 미리 연습하여 일관성 유지.
⑤ **환경 적응**: 코스 상태, 날씨 등을 미리 점검하여 경기 중 예상치 못한 변수를 줄인다.

5. 경기 중 집중력 유지 방법

경기 중 집중력을 지속적으로 유지하는 것은 결과적으로 좋은 플레이를 이끌어낼 수 있는 핵심적인 요소라고 할 수 있겠다. 하지만 많은 골퍼들이 경기 내내 집중력을 발휘하는데에 어려움을 겪곤 하는데, 이는 단시간 내에 쉽게 해결되는 문제가 아니다.

경기 중 집중력을 유지하기 위해서는 꾸준한 연습과 노력이 필요하다. 먼저 플레이 중간 중간 자신의 집중 상태를 점검해보는 습관을 들이는 것이 중요하다. 무심코 주변을 둘러보거나 불필요한 잡념에 빠져들지 않도록 늘 자신의 상태를 자각하고 있어야 한다. 이를 통해 집중력이 흐트러지는 시점을 파악할 수 있다.

또한 주기적으로 깊은 호흡을 하며 긴장을 풀어주는 것도 도움이 된다. 경기 중에는 신체적, 정신적 긴장감이 높아지기 마련인데, 이를 이완시키지 않으면 집중력 저하로 이어질 수 있다. 짧은 휴식을 가지며 깊게 숨을 내쉬는 등의 방법으로 스스로를 안정시키는 연습을 하면 좋다.

뿐만 아니라, 경기 중에 자신만의 멘탈 루틴을 가지고 꾸준히 실천하는 것도 효과적이다. 예를 들어 티샷 전에 언제나 같은 방식으로 긍정적인 자기암시를 하거나, 퍼팅 라인을 천천히 세 번씩 살펴보는 등의 습관을 만들어가는 것이다. 이렇게 일관된 루틴을 가지면 집중력을 유지하는 데 도움이 된다.

결국 경기 중 집중력을 유지하기 위해서는 자신의 상태를 꾸준히 모니터링하고, 긴장을 풀어주는 기술을 익히며, 자신만의 멘탈 루틴을 개발해나가는 노력이 필요하다. 이러한 습관들이 차근차근 몸에 배이다 보면, 언젠가는 집중력 유지가 자연스러운 일이 될 것이다.

경기 도중 집중력을 유지하는 것은 경기 결과에 직접적인 영향을 미친다. 집중력이 흐트러지면 실수가 늘어나고, 심리적 압박이 증가할 가능성이 높다.

6. 집중력 훈련

집중력은 골프 성공의 핵심 요소이자 경기력을 좌우하는 가장 중요한 능력이라고 할 수 있겠다. 그런데 집중력은 타고나는 것이 아니라 지속적인 노력과 훈련을 통해 기르고 개발해야 하는 것이다. 그렇다면 효과적인 집중력 훈련은 어떻게 해야 할까?

먼저, 일상생활에서부터 집중력 훈련을 시작해볼 필요가 있다. 평소에 책을 읽을 때나 공부할 때, 또는 업무에 몰두할 때 등 일상적인 상황에서 자신의 집중력을 점검하고 기를 수 있다. 심호흡을 하며 마음을 가다듬고, 방해 요인을 제거하는 등의 노력을 통해 점진적으로 집중력을 기를 수 있다.

다음으로, 실제 골프 연습과 경기에서 집중력 훈련을 병행해야 한다. 타겟에 대한 집중력, 자신의 스윙에 대한 집중력, 상황 판단에 대한 집중력 등 골프와 관련된 다양한 측면에서 집중력을 기를 수 있다. 예를 들어 퍼팅 연습 시 공의 움직임에 온 신경을 집중하거나, 티샷 전 루틴을 통해 온전히 그 순간에 집중하는 습관을 들이는 것이 도움이 될 것이다.

마지막으로, 명상이나 요가 등의 활동을 통해 마음의 안정을 도모하고 집중력을 기르는 것도 중요하다. 이를 통해 긍정적인 마음가짐을 갖추고, 경기 중 어려움이 닥쳐도 평정심을 잃지 않고 집중할 수 있게 된다.

이처럼 일상생활에서부터 골프 연습과 경기, 그리고 마음 수련 등 다양한 방면에서 지속적인 집중력 훈련을 해나간다면, 누구나 골프에서 뛰어난 집중력을 발휘할 수 있을 것이다. 여러분의 꾸준한 노력과 노력이 필요한 것이다.

7. 집중력 향상 기법

골프에서 집중력은 매우 중요한 요소이다. 최상의 경기력을 발휘하기 위해서는 언제나 높은 수준의 집중력이 필요하다. 하지만 많은 선수들이 경기 중 집중력 저하로 어려움을 겪곤 한다. 다행히도 선수들이 자신의 집중력을 높이기 위해 활용할 수 있는 다양한 기법들이 있다.

- **첫째, 호흡 조절 기법을 사용하는 것이 도움이 될 수 있다.**

깊고 느린 호흡을 취하면 자연스럽게 긴장감이 낮아지고 마음이 안정된다. 골프 스윙을 준비할 때마다 이러한 호흡 기법을 활용하면 집중력을 높일 수 있다.

- **둘째, 명상 기법을 적용해 볼 수 있다.**

잠시 시간을 내어 심호흡을 하며 자신의 주변 환경과 몸 상태에 집중하는 연습을 하면 집중력이 향상된다. 초보 선수들도 쉽게 배울 수 있는 간단한 명상 기법을 꾸준히 활용하면 좋다.

- **셋째, 경기 전 루틴을 만들어 활용하는 것도 효과적이다.**

자신만의 준비 루틴을 갖고 있다면 그 과정에 온전히 집중할 수 있게 된다. 간단한 스트레칭이나 스윙 연습, 리듬 맞추기 등을 포함한 루틴을 만들어 실천해 보자.

이렇듯 집중력 향상을 위한 다양한 기법들이 있다. 선수들은 자신에게 가장 효과적인 기법을 찾아 꾸준히 연습하고 적용해야 한다. 집중력은 경기 중 가장 중요한 심리적 요인 중 하나이므로, 이를 향상시키기 위한 노력은 반드시 필요할 것이다.

■ 집중력 유지 전략

1. **호흡 조절**: 중요한 샷을 하기 전에 깊고 일정한 호흡을 통해 심리적 안정을 유지한다.
2. **한 샷에 집중**: 과거의 실수나 미래의 결과를 생각하지 않고, 현재 샷에만 집중한다.
3. **신경 차단 기술**: 소음, 갤러리, 상대 선수의 플레이 등 외부 요인에 휘둘리지 않는다.
4. **자기 루틴 유지**: 경기 흐름이 변하더라도 자신 루틴 유지 및 경기의 일관성 유지.
5. **긍정적 피드백 활용**: 잘못된 샷 후에도 부정적인 감정 억제하고, 개선할 점에 집중한다.

8. 경기 후 분석과 멘탈 회복 전략
■ 긍정적 사고의 힘

골프 선수들에게 있어 긍정적 사고는 너무나도 중요하다. 부정적이고 걱정스러운 마음가짐으로 경기에 임한다면, 결과적으로 그 선수의 실력이나 집중력이 크게 떨어지게 될 거다. 하지만 최상의 경기력을 보여주기 위해서는 자신감 넘치는 긍정적 마음자세가 가장 중요하다고 할 수 있겠지.

긍정적 사고방식은 선수 개인의 마음가짐일 뿐만 아니라, 코치와 팀 관계에서도 매우 중요한 역할을 한다. 선수가 코치의 격려와 지지에 힘입어 자신감을 얻게 되면, 그 선수의 실력이 한층 더 발휘될 수 있게 되는 것이다. 따라서 코치는 선수들에게 긍정적인 피드백을 제공하고, 실수나 실패에 대해서도 건설적인 자세로 접근해야 한다.

이처럼 골프 선수들에게 긍정적 사고는 단순히 마음가짐의 문제만이 아니라, 실력 발휘와 경기력 향상을 위해서 필수불가결한 요소라고 할 수 있겠다. 최상의 경기력을 발휘하기 위해서는 자신감 넘치는 긍정적 마음가짐이 가장 중요하다는 거, 이걸 명심해야겠네.

■ 상상력과 시각화

골프 선수들이 경기에 임할 때 상상력과 시각화 기법은 매우 중요한 역할을 한다. 공을 정확히 타격하고 홀인 하기 위해서는 단순히 기술적 능력만으로는 부족하다. 실제 경기 상황을 머릿속으로 미리 상상하고, 성공적인 장면을 구체적으로 그려내는 것이 도움이 된다.

선수들은 먼저 자신이 원하는 이상적인 골프 스윙과 퍼팅 장면을 생생하게 떠올려야 한다. 상상 속에서 자신의 몸이 정확한 폼을 취하고, 공이 홀 속으로 부드럽게 굴러 들어가는 모습을 상상해보는 것이다. 이렇게 상상하며 감각적 경험을 하다 보면, 실제 스윙과 퍼팅 동작이 보다 유기적으로 연결된다.

또한 코스 위의 장애물과 지형을 미리 시각화하는 것도 중요하다. 선수들은 실제 경기에 앞서 코스 전체를 머릿속으로 걸어보며, 각 홀에서 가장 효과적인 전략을 세울 수 있다. 예를 들어 그린의 경사도와 풍향을 상상하며 퍼팅 라인을 예측하고, 벙커나 러프 지역을 피해 안전하게 공을 보내는 방법을 구체화할 수 있다.

이처럼 상상력과 시각화는 선수들이 실제 경기에서 보다 자신감 있게 플레이할 수 있도록 돕는다. 자신의 기술과 실력을 완벽히 발휘할 수 있는 최적의 상황을 머릿속에서 미리 연출해보는 것이다. 이를 통해 선수들은 경기장 상황에 휩쓸리지 않고, 자신의 플레이를 완벽하게 통제할 수 있게 된다.

■ 시각화 기법 활용하기

골프에서의 시각화 기법은 멘탈 훈련의 핵심이라고 할 수 있다. 골프 선수들은 실제 스윙을 하기 전에 머릿속으로 완벽한 샷을 그려내며, 이를 통해 자신감을 높이고 긍정적인 결과를 이끌어 낼 수 있다.

시각화 기법을 활용하기 위해서는 먼저 목표로 하는 샷을 구체적으로 상상해보는 것이 중요하다. 공이 정확하게 목표 지점에 떨어지는 모습, 클럽헤드가 볼을 깨끗하게 맞추는 장면, 그리고 자신이 완벽한 스윙 동작을 취하는 모습을 생생하게 떠올려보는 것이다. 이렇게 머릿속에서 성공적인 샷을 만들어내면, 실제 스윙을 할 때 긍정적인 결과를 가져올 가능성이 높아진다.

더불어 시각화 기법을 효과적으로 활용하려면 감각적으로 상상하는 것이 중요하다. 단순히 영상으로만 그치지 말고, 소리, 감촉, 냄새 등 오감을 동원해 완전한 장면을 만들어내보는 것이 도움이 된다. 이렇게 구체적이고 생생한 이미지를 만들어낼수록, 실제 스윙에서도 자신감을 가지고 좋은 결과를 얻을 수 있을 것이다.

물론 시각화 기법을 익히는 데에는 지속적인 연습이 필요하다. 초반에는 어려움을 겪을 수 있지만, 꾸준히 연습하다 보면 성공적인 샷을 머릿속에 생생하게 그려낼 수 있게 될 것이다. 이렇게 자신감 넘치는 플레이를 해낼 수 있게 되면, 골프 실력 향상으로도 이어질 수 있을 것이다.

이러한 요소들을 경기 후 자신의 경기력을 분석하고 멘탈을 회복하는 과정도 중요하다. 이를 통해 부족한 부분을 개선하고, 다음 경기에 대한 긍정적인 태도를 유지할 수 있다.

■ 경기 후 분석 방법
1. **자신의 경기 기록 정리**: 성공적인 샷과 실수한 샷을 기록하여 원인을 분석한다.
2. **멘탈 상태 평가**: 경기 중 자신의 감정 변화를 점검하고, 감정 조절 방법을 개선한다.
3. **긍정적인 부분 찾기**: 실수보다 잘한 부분을 먼저 떠올려 자신감을 유지한다.
4. **코치 및 동료 피드백 활용**: 전문가 또는 동료와 경기 내용을 공유하며 논의한다.
5. **마음 정리 시간 가지기**: 경기가 끝난 후 충분한 휴식으로 멘탈 피로를 회복한다.

9. 장기적인 멘탈 성장 로드맵

멘탈 훈련은 지속적인 실천과 점검을 통해 장기적으로 강화할 수 있다. 꾸준한 멘탈 훈련을 통해 경기 중 흔들리지 않는 멘탈을 구축하는 것이 중요하다.

■ 장기적인 멘탈 성장 전략
① **목표 설정과 점검**: 경기력 향상을 위한 단기, 중기, 장기 목표를 설정하고, 지속적으로 점검한다.
② **멘탈 훈련 루틴 확립**: 경기 전, 경기 중, 경기 후 루틴을 정립하여 일관된 멘탈 강화를 지속한다.
③ **실패를 성장의 기회로 활용**: 실수를 두려워하지 않고, 이를 학습의 기회로 삼는다.
④ **멘탈 트레이닝 통합**: 기술 훈련뿐만 아니라, 명상, 시각화, 호흡 조절 같은 멘탈 훈련을 정기적으로 포함한다.
⑤ **자신만의 멘탈 강화법 개발**: 다양한 심리적 기법을 시도하며 자신에게 가장 효과적인 방법을 찾아낸다.

골프 멘탈 훈련은 단기적인 접근이 아닌 지속적인 훈련과 분석이 필요하다. 경기 전, 경기 중, 경기 후의 루틴을 철저히 확립하고, 장기적인 멘탈 성장 로드맵을 실천하면 꾸준한 경기력을 유지할 수 있다.

■ 호흡과 이완 기술

골프 실력 향상을 위한 멘탈 코칭에 있어서 호흡과 이완 기술이 매우 중요합니다. 긴장된 상황에서 적절한 호흡과 이완 기법을 활용하면 집중력을 높일 수 있죠.

먼저, 깊은 복식호흡을 연습해 보세요. 코로 천천히 공기를 들이마시고, 배에서부터 공기가 올라오는 느낌을 받아요. 그리고 입으로 천천히 공기를 내쉬면서 긴장감이 풀리는 것을 느껴보세요. 이런 깊은 호흡은 심신을 안정시키고 집중력을 향상시키는 데 도움이 된다.

또한, 이완 기술도 중요합니다. 집중력을 높이려면 신체의 긴장을 풀어줘야 하니까요. 간단하게 몸의 각 부위를 의식적으로 이완시켜 보세요. 예를 들어 발부터 시작해서 다리, 허리, 어깨, 팔, 손가락 순으로 근육을 이완시키는 거죠. 이런 식으로 몸 전체의 긴장을 풀어주면 심신이 편안해지고 집중력도 높아질 거예요.

호흡과 이완 기술을 꾸준히 연습하다 보면, 스트레스를 효과적으로 관리하고 집중력을 발휘할 수 있게 된다. 긍정적인 마음가짐으로 꾸준히 노력하다 보면, 골프 실력 향상에도 큰 도움이 될 거예요.

■ 자기 대화의 힘

우리가 골프를 하면서 겪는 많은 어려움과 도전은 단순히 기술이나 능력의 문제만이 아닙니다. 오히려 마음가짐과 멘탈 관리가 더 큰 역할을 하죠. 그중에서도 가장 중요한 것이 바로 우리가 스스로에게 하는 자기 대화이다.

긍정적인 자기 대화는 우리의 멘탈을 크게 강화할 수 있다. 예를 들어 샷을 준비하면서 "이번에는 정말 좋은 샷을 날릴 수 있어. 내가 충분히 연습했으니까 잘할 수 있을 것이다."라고 생각한다면, 실제로 그렇게 되도록 자신을 격려하고 있는 셈이죠. 이렇게 자신을 응원하고 믿어주는 자기 대화는 집중력과 자신감을 높여줄 뿐만 아니라, 실제 샷 수행 능력까지 향상시킬 수 있다.

반면에 "이번에도 실수할 것이다. 나는 정말 골프를 잘 못 치는 사람이야."라고 부정적인 자기 대화를 하게 되면, 실제로 그렇게 되어버릴 확률이 높죠. 이처럼 자기 대화는 우리의 행동과 결과에 큰 영향을 미치므로, 항상 긍정적이고 격려하는 톤으로 자신에게 말해주는 습관을 가져야 합니다.

실제로 많은 정상급 골퍼들은 자기 대화의 힘을 잘 알고 있다. 그들은 경기 전 또는 어려운 상황에서 끊임없이 자신을 격려하며, 이를 통해 멘탈의 힘을 끌어냅니다. 따라서 자신의 자기 대화에 주목하고, 긍정적인 방향으로 이끌어 나가는 연습이 매우 중요합니다. 이렇게 자기 대화를 관리하다 보면, 골프 실력뿐만 아니라 인생 전반에서도 큰 힘을 발휘할 수 있을 거예요.

제15장. 멘탈 강한 골퍼로 성장하기

제15장. 멘탈 강한 골퍼로 성장하기

1. 멘탈 코칭의 실제 사례

멘탈 코칭의 실제 사례를 통해 살펴보면, 그 효과성을 생생하게 확인할 수 있다. 성공적으로 멘탈 코칭을 받은 선수들의 경우, 경기력이 눈에 띄게 향상되었다고 한다. 한 프로 골퍼는 멘탈 코칭 덕분에 자신감이 크게 boosted 되었고, 이전에는 겪었던 입스 현상도 크게 개선되있다고 전했다. 긍징적인 마음가짐과 집중력이 항상되면서 실전 경기에서도 훨씬 더 안정적인 모습을 보인 것이다.

반면에 멘탈 코칭이 실패한 사례도 있었다. 한 선수의 경우 코치와의 신뢰 관계 형성에 실패했고, 결과적으로 자신에게 맞는 멘탈 케어 방식을 찾지 못했다. 이로 인해 오히려 경기력이 저하되는 모습을 보였다고 한다. 이처럼 멘탈 코칭은 선수 개개인의 성향과 요구사항을 충분히 파악하고 맞춤형으로 제공되어야 한다는 점을 보여준다.

나아가 멘탈 코칭의 미래는 매우 밝다고 할 수 있다. 선수들의 니즈가 점점 더 다양해지고 세분화되면서, 이에 맞춘 전문적이고 체계적인 멘탈 코칭 프로그램들이 개발되고 있기 때문이다. 또한 AI 기술의 발달로 개인별 맞춤형 멘탈 관리도 가능해질 전망이다. 앞으로 멘탈 코칭은 골프 선수들의 경기력 향상을 위해 더욱 중요한 요소로 자리잡을 것이다.

■ 멘탈 훈련의 일상화

멘탈 훈련을 일상에 통합하여 지속적으로 발전하는 것이 매우 중요하다. 단순히 훈련만으로는 부족하며, 이를 실제 생활에 적용하고 습관화하는 것이 필수적이다. 평소에 자신의 마음가짐과 태도를 점검하며 긍정적인 자기 대화를 하는 습관을 들이는 것이 좋다. 어려운 상황에서도 침착하게 대처할 수 있도록 호흡 조절과 이완 기술을 꾸준히 연습하라. 또한 성공적인 플레이를 상상하며 시각화하는 연습을 매일 해보는 것도 도움이 될 것이다. 이처럼 멘탈 훈련을 일상의 일부로 자연스럽게 통합하다 보면, 골프 실력 향상은 물론 삶 전반에서도 긍정적인 변화를 경험할 수 있을 것이다. 특히 스트레스 관리와 감정 조절 능력이 발전하여 보다 여유로운 삶을 살 수 있게 될 것이다. 따라서 멘탈 훈련을 일상에 녹여내어 지속적으로 발전시키는 노력이 반드시 필요하다.

2. 골프와 인생은 같은 법칙을 따른다

골프는 단순한 스포츠가 아니라, 인생과 밀접한 연관이 있는 경기이다. 경기 중 발생하는 실수, 긴장, 기회, 그리고 성공은 우리 삶에서 경험하는 도전과 극복 과정과 유사하다. 골프를 통해 배울 수 있는 인생의 교훈은 다음과 같다.

■ **골프와 인생의 공통점**

① **실수는 배움의 기회이다**:
골프에서 한 번의 실수가 경기 전체를 결정짓지 않듯, 삶에서도 실수를 성장의 발판으로 삼아야 한다.

② **끈기와 인내가 필요하다**:
장기적인 노력과 꾸준한 연습이 결국 실력으로 나타난다.

③ **감정 조절이 중요하다**:
경기 중 감정을 통제하는 것이 결과에 영향을 미치듯, 삶에서도 감정 조절이 중요한 역할을 한다.

④ **목표 설정과 집중력 유지**:
명확한 목표를 가지고 집중할 때 원하는 결과를 얻을 수 있다.

3. 지속적인 멘탈 트레이닝의 필요성

멘탈 강한 골퍼가 되기 위해서는 지속적인 훈련과 자기 개발이 필수적이다. 한 번의 연습으로 멘탈이 강해지는 것이 아니라, 일관된 연습과 실전 적용이 필요하다.

■ **실수와 실패의 극복**

실수와 실패는 누구에게나 있는 일이다. 하지만 그것들을 어떻게 다루느냐에 따라 우리의 성장 여부가 결정되는 것이다. 성공이라는 목표에 다다르기 위해서는 실수와 실패를 두려워하지 말고 오히려 그것들을 기회로 활용해야 한다.

실수를 받아들이는 법부터 배워 보자. 대부분의 사람들은 실수를 하면 부끄러워하거나 스트레스를 받곤 한다. 하지만 그렇게 생각하지 말아야 한다. 실수는 당연히 일어날 수 있는 일이며, 오히려 그것을 인정하고 배울 점을 찾는 자세가 중요하다. 실수를 통해 자신의 약점을 파악하고 보완할 수 있는 기회를 얻을 수 있다.

실패에서도 배워야 할 점이 있다. 실패는 우리에게 성장의 기회를 제공한다. 실패를 겪으면서 어려움을 극복하는 방법을 터득하고, 다음에 더 나은 결과를 얻을 수 있는 방법을 찾아나갈 수 있다. 때로는 실패가 새로운 시작을 위한 디딤돌이 되기도 한다.

실수나 실패 후에는 긍정적인 마인드로 대처하는 것이 중요하다. 부정적인 감정에 사로잡혀 있으면 오히려 회복이 어려워질 수 있다. 실수나 실패를 겪었다면 그것을 교훈으로 삼고 다음에는 더 잘할 수 있을 것이라는 자신감을 가져야 한다. 그리고 멘탈 회복력을 기르는 것도 중요하다. 어려움이 닥쳐도 이를 극복할 수 있다는 강인한 정신력이 필요하다.

실수와 실패는 누구나 겪을 수밖에 없는 것이지만, 그것을 어떻게 다루느냐에 따라 우리의 발전 여부가 달라진다. 실수와 실패를 두려워하지 말고 오히려 그것을 성장의 기회로 삼는 자세가 필요하다. 이를 통해 우리는 더욱 강해질 수 있을 것이다.

■ **실수를 받아들이는 법**

골프는 완벽한 기술만으로 달성할 수 없는 스포츠야. 실수와 실패는 골프를 즐기는 모든 이들에게 필연적으로 찾아오는 부분이지. 그런데 많은 골퍼들이 실수와 실패에 압도되어 어려움을 겪곤 하지. 하지만 실수와 실패를 어떻게 대하느냐에 따라 그것이 더 큰 발판이 될 수 있다는 걸 알아야 한다.

실수를 인정하고 받아들이는 것이 중요해. 실수를 숨기거나 부정하려 들지 말고, 그냥 솔직히 인정하는 게 중요해. 실수를 숨기면 그것이 계속 마음에 걸려서 다음 샷에도 방해되고, 결국 더 큰 실수를 하게 되거든. 그래서 실수를 솔직히 인정하고 그것을 배울 수 있는 자세가 필요하다.

실수로부터 배운다는 자세가 필요해. 실수가 일어났다면 그 이유와 원인을 찾아봐야 해. 어디가 잘못되었는지, 어떻게 하면 그 실수를 반복하지 않을지 생각해보는 것이다. 그리고 다음에는 그 실수를 반복하지 않도록 주의해서 플레이하면 돼. 이렇게 실수를 교훈 삼아 발전할 수 있다.

■ **실패에서 배우는 교훈**

실패는 누구나 겪는 경험이지만, 그 경험을 제대로 활용하지 못한다면 같은 실수를 되풀이하게 될 것이다. 그러나 실패로부터 얻은 교훈을 잘 이해하고 활용한다면, 그것이 오히려 성장의 밑거름이 될 수 있다.

골프에서도 실패는 예외가 아니다. 때로는 기술의 부족으로, 때로는 집중력 저하로 인해 실패를 경험하게 된다. 하지만 이런 실패를 겸손히 받아들이고 그 속에 담긴 교훈을 찾아내는 것이 중요하다. 예를 들어, 퍼트에 실패했다면 퍼팅 연습의 부족함을 깨닫고 더욱 집중해서 연습하면 된다. 또한 긴장감 때문에 스윙에 실패했다면 호흡 조절이나 이완 기술을 배워 적용해 볼 수 있다.

이처럼 실패의 원인을 정확히 파악하고 그에 맞는 대안을 모색하는 것이 중요하다. 때로는 코치나 멘탈 트레이너의 도움을 받는 것도 좋은 방법이다. 그들은 객관적인 관점에서 실패의 원인을 진단하고 해결책을 제시해줄 수 있다.

결국 실패를 두려워하지 말고 오히려 그것을 기회로 삼아 자신의 약점을 보완하고 발전의 발판으로 삼아야 한다. 실패는 결코 끝이 아니라 새로운 시작이 될 수 있다는 것을 명심해야 한다.

■ **실수 후의 대처법**

골프에서의 실수는 누구에게나 일어날 수 있는 일이지만, 그 순간 어떤 태도로 대응하느냐에 따라 그 결과가 달라질 수 있다. 실수를 받아들이고 긍정적인 마음가짐으로 대처하는 것이 중요한데, 그렇게 하면 실수로부터 교훈을 얻을 수 있고 더 나은 플레이를 할 수 있게 된다.

실수를 했다고 해서 낙담하거나 자책하지 마라. 그런 부정적인 마음가짐은 오히려 다음 샷에 악영향을 줄 수 있다. 대신 실수를 객관적으로 바라보고 어디가 잘못되었는지 냉정히 분석해 보라. 그리고 그것을 어떻게 개선할지 생각해 보는 것이 중요하다.

또한 실수를 계기로 자신의 약점을 발견하고 보완할 기회로 삼아라. 실수를 통해 배운 교훈은 다음에 똑같은 실수를 반복하지 않게 해줄 것이다. 이런 식으로 긍정적인 마음가짐을 가지고 실수에 대처한다면, 오히려 그것이 성장의 기회가 될 수 있는 것이다.

실수 후에는 차분히 상황을 정리하고 다음 샷에 집중하는 것이 중요하다. 감정에 휩싸이지 말고 침착하게 다음 행동을 결정하라. 그렇게 하면 실수로 인한 부정적인 영향을 최소화할 수 있다. 또한 실수를 반복하지 않기 위해 구체적인 개선 방안을 마련하는 것도 도움이 될 것이다.

골프에서 실수는 피할 수 없는 것이지만, 그것을 어떻게 대처하느냐에 따라 성과가 달라질 수 있다. 실수에 대해 긍정적인 마음가짐을 갖고 객관적으로 분석하며 개선 방안을 마련한다면, 그것이 성장의 기회가 될 수 있다는 점을 명심하라.

■ 멘탈 트레이닝을 지속해야 하는 이유
1. **경기력의 일관성 유지**: 심리적으로 안정된 선수는 일관된 경기력을 유지할 수 있다.
2. **위기 상황 극복력 향상**: 중요한 순간에도 평정심을 유지할 수 있는 능력이 생긴다.
3. **자신감 구축**: 반복적인 긍정적 경험을 통해 자신감을 지속적으로 향상할 수 있다.
4. **멘탈 회복력 강화**: 실수를 했을 때 빠르게 회복 후 다음 샷에 집중하는 능력을 기른다.

4. 멘탈 회복력 기르기
■ 멘탈 회복력을 키워 어려움을 극복하는 법
골프에서 실수와 실패를 겪는 일은 누구에게나 있는 일이다. 중요한 건 그 실수와 실패를 어떻게 받아들이고 극복하느냐다. 멘탈 회복력을 기르면 이런 어려움을 잘 극복할 수 있다.

멘탈 회복력이란 실패나 역경에도 불구하고 마음의 균형을 유지하고 다시 일어설 수 있는 능력이다. 골프에서 이 능력은 매우 중요하다. 실수나 실패를 겪어도 좌절하지 않고 다음 기회를 준비할 수 있어야 한다.

실수나 실패 후 자신을 비난하거나 고민하는 시간을 가지는 건 괜찮다. 하지만 오래 그런 상태로 있으면 오히려 자신감을 잃고 위축될 수 있다. 중요한 건 그런 부정적인 감정들을 빨리 털어내고 긍정적인 마음가짐으로 돌아오는 거다.

이를 위해서는 평소에 멘탈 회복력을 기르는 게 중요하다. 긍정적인 자기 대화, 호흡 & 이완 기술, 시각화 연습 등을 통해 스트레스를 관리하고 도전 정신을 유지하는 습관을 들이자. 성공적인 과거 경험을 상기하며 자신감을 북돋우는 것도 도움이 된다.

어려움이 닥쳐도 쉽게 좌절하지 않고 다음 기회를 준비할 수 있는 멘탈 회복력은 골퍼에게 필수적이다. 꾸준한 노력으로 이 능력을 키워나간다면 실수와 실패를 성장의 기회로 만들 수 있을 것이다.

■ **자신감과 동기부여**

골프, 그것은 단순한 스포츠 이상의 것이지. 하지만 많은 이들이 실수와 실패에 발목 잡혀 골프를 포기하곤 하지. 왜 그럴까? 바로 자신감의 부족이 가장 큰 이유라고 할 수 있어. 자신감이야말로 성공적인 골프 플레이의 핵심이라고 할 수 있다.

▶ **자신감의 원천은 무엇일까?**

- **첫째,** 철저한 준비와 연습이 자신감의 토대를 마련해줘야 한다. 기술을 연마하고 경험을 쌓아 나가다 보면, 언젠가는 자연스럽게 자신감이 생기게 되는 것이다. 3

- **둘째,** 구체적인 목표 설정도 자신감을 높이는 데 도움이 된다. 나 자신이 어디로 나아가고 싶은지를 명확히 정하고, 그 목표를 향해 꾸준히 나아가다 보면 자신감이 자연스럽게 고조되는 걸 느낄 수 있을 것이다.

또한 긍정적인 마음가짐도 중요해. 내가 할 수 있다는 믿음을 가지고 임한다면, 실수나 실패에도 흔들리지 않고 계속해서 도전할 수 있게 된다. 때로는 실수를 두려워하는 게 아니라, 도전과 성장의 기회로 여기는 마음가짐이 필요해. 그리고 자신감이 높아지면, 경기 준비에도 긍정적인 영향을 미치게 돼. 철저한 준비를 통해 내가 해낼 수 있다는 믿음이 더욱 굳건해질 것이다.

그렇다면 자신감을 지속적으로 유지하는 방법은 무엇일까? 가장 중요한 건 내가 이루어낸 성과들을 인정하고 기억하는 것이다. 때때로 내가 얼마나 많은 발전을 이뤄냈는지 잊곤 하니까 말이다. 작은 성취라도 기억하고 자축하는 습관을 들이면, 자신감을 더욱 공고히 할 수 있을 것이다. 또한 긍정적인 자기 대화도 도움이 돼. 부정적인 생각에 사로잡히지 말고, 나 자신을 믿고 격려하는 말을 하다 보면 자신감이 자연스럽게 유지될 것이다.

골프, 그것은 정말 마음의 게임이라고 할 수 있겠지. 그렇기에 자신감은 그 어느 때보다도 중요해. 실수와 실패를 두려워하지 말고, 오히려 그것을 성장의 기회로 삼아야 해. 그리고 긍정적인 마음가짐과 철저한 준비, 그리고 꾸준한 노력으로 자신감을 키워나가는 것이 중요할 것이다. 그렇게 함으로써 우리는 성공적인 골프 플레이를 펼칠 수 있을 거라 믿어 의심치 않다.

■ **자신감의 원천**

자신감이 골프에서 성공을 좌우하는 핵심이라는 점은 누구나 인정할 것이다. 그렇다면 어떻게 하면 자신감을 키워나갈 수 있을까? 그 비결을 하나하나 살펴보도록 하자.

먼저, 자신의 능력을 충분히 믿는 것이 중요하다네. 그동안 갈고 닦은 기술과 경험을 바탕으로 자신이 충분히 잘해낼 수 있다는 확신을 가져야 한다고. 때로는 내 실력을 과소평가하는 경향이 있는데, 그렇게 되면 자신감이 떨어질 수밖에 없다.

또한 긍정적인 마인드를 가지는 것도 자신감 증진의 핵심이라고 할 수 있겠어. 성공적인 플레이를 상상하고, 자신의 강점을 인정하며, 실수로 좌절하지 않고 극복해 나갈 수 있다는 믿음을 가지는 것이 중요하네. 마음가짐이 곧 실력이 되는 것이다.

아울러 꾸준한 연습과 철저한 준비도 자신감 향상에 큰 도움이 된다고 봐. 기술과 체력이 부족하다고 생각되면 자신감이 바닥날 수밖에 없겠지. 하지만 부족한 부분을 꾸준히 보완해나가면서 완벽에 가까운 준비를 한다면, 자신감 넘치는 플레이를 펼칠 수 있을 것이다

이처럼 자신의 실력과 능력을 인정하고, 긍정적이며 도전적인 마인드를 갖추며, 철저한 준비를 해나가는 것이 자신감을 키워나가는 핵심적인 방법이라고 할 수 있겠네. 이 모든 것들이 골프 실력 향상과 성공을 위한 필수불가결한 요소라는 점을 잊지 말게나.

■ 성공적인 멘탈 코칭 사례

성공적인 멘탈 코칭의 사례를 살펴보면, 그 효과성을 확실히 알 수 있다. 대표적인 사례로, PGA 투어 선수 김민재를 들 수 있다. 그는 정상급 기량을 가지고 있었지만, 경기 압박감과 스트레스 때문에 좋은 성적을 내지 못했다고 한다. 그러던 차에 정신 코치를 만나게 되었고, 체계적인 멘탈 코칭을 받기 시작했다.

코치는 김민재의 심리적 상태를 면밀히 진단하고, 그에 맞는 맞춤형 프로그램을 개발했다. 매일 규칙적인 명상과 시각화 훈련을 통해 집중력과 감정 조절 능력을 기르게 했고, 자신감 향상을 위한 심리 기법도 가르쳐 주었다. 또한 경기 전후 루틴을 만들어 스트레스를 관리하는 방법도 소개했다.

그 결과, 김민재는 코칭을 받기 시작한 이후 꾸준히 성적이 향상되었고, 마침내 PGA 투어 우승을 차지하게 되었다. 선수 본인뿐만 아니라 코치, 팀, 그리고 팬들까지도 모두 그의 변화에 놀라워했다고 한다. 경기력 향상뿐만 아니라 심리적 안정까지 얻었기 때문이다.

이처럼 체계적이고 전문적인 멘탈 코칭은 골프 선수들에게 큰 도움을 줄 수 있다. 단순히 기술 연마에만 집중하는 것이 아니라, 정신 훈련을 통해 종합적인 경기력 향상을 이루어낼 수 있다는 것을 보여주는 좋은 사례라고 할 수 있겠다.

■ 멘탈 코칭의 실패 사례

멘탈 코칭 과정에서 발생할 수 있는 실패 사례를 통해 우리는 많은 것을 배울 수 있다. 완벽한 것은 없겠지만, 이러한 사례들을 분석해 봄으로써 선수들을 위한 더 나은 멘탈 코칭 방법을 모색할 수 있을 것이다.

• 첫번째로, 코치와 선수 간의 신뢰 관계가 제대로 형성되지 않은 경우를 들 수 있다.
선수는 코치에게 자신의 내면을 적절히 드러내지 못하고, 코치 역시 선수의 심리적 상태를 제대로 파악하지 못하게 된다. 이렇게 되면 코칭의 효과가 제한적일 수밖에 없다. 따라서 코치는 선수와의 관계 형성에 많은 노력을 기울여야 한다.

• 두번째로, 선수의 개인적인 문제와 골프 기량을 구분하지 못한 경우를 들 수 있다.

선수의 개인적인 문제가 골프 기량에 영향을 미치는 것은 사실이지만, 이 둘을 명확히 구분하지 않으면 코칭의 방향성을 잃게 된다. 코치는 선수의 문제를 정확히 진단하고, 그에 맞는 맞춤형 코칭을 제공해야 한다.

- **마지막으로, 코칭의 지속성이 부족한 경우도 실패의 원인이 될 수 있다.**
멘탈 코칭은 단기간에 이루어지기 어려운 과정이다. 선수의 변화와 성장을 위해서는 장기적인 관점에서의 지속적인 노력이 필요하다. 하지만 현실적인 문제로 인해 코칭이 중단되거나 이어지지 않는 경우가 있는데, 이는 결과적으로 코칭의 실패로 이어질 수밖에 없다.

이처럼 멘탈 코칭의 실패 사례를 면밀히 살펴보면, 코치와 선수 간의 신뢰 관계 형성, 선수 문제의 정확한 진단, 그리고 지속성 있는 코칭의 제공 등이 성공적인 코칭을 위한 핵심 요소라는 것을 알 수 있다. 이 점을 반드시 고려하여 보다 효과적인 멘탈 코칭 전략을 수립해야 할 것이다.

5. 멘탈 강한 골퍼로 거듭나는 과정
멘탈이 강한 골퍼로 성장하기 위해서는 단계적인 접근이 필요하다. 지속적인 실천과 자기 점검을 통해 점진적으로 발전할 수 있다.

■ 멘탈 강화를 위한 단계별 과정
- **자기 인식**: 자신의 심리적 강점과 약점을 파악한다.
- **목표 설정**: 현실적인 단기, 중기, 장기 목표를 설정한다.
- **멘탈 트레이닝 습관화**: 시각화, 자기 암시, 루틴 설정 등 멘탈 훈련을 정기적으로 수행.
- **실전 적용**: 연습한 멘탈 기법을 실제 경기에서 활용하여 경험을 쌓는다.
- **피드백과 개선**: 경기 후 자신의 멘탈 상태를 분석하고 개선할 부분을 보완한다.

6. 종합 정리 및 최종 체크리스트
멘탈 강한 골퍼로 성장하기 위해 앞서 다룬 내용을 종합하여 최종적으로 점검해야 할 사항을 정리하면 다음과 같다.

■ 최종 체크리스트
- ✔ 경기 전, 경기 중, 경기 후 루틴을 유지하고 있는가?
- ✔ 실수 후 빠르게 회복하고 다음 샷에 집중하는가?
- ✔ 목표를 설정하고 점진적으로 발전하고 있는가?
- ✔ 긴장 상황에서도 침착함을 유지하는가?
- ✔ 긍정적인 자기 대화를 지속적으로 활용하는가?
- ✔ 자신만의 멘탈 트레이닝 방법을 실천하고 있는가?

멘탈 강한 골퍼가 되는 과정은 한순간에 이루어지지 않는다. 지속적인 연습과 자기 성찰을 통해 점진적으로 발전해 나가야 한다. 골프를 통해 얻은 심리적 기술은 경기뿐만 아니라 삶에서도 중요한 역할을 하며, 이를 통해 더 강하고 자신감 있는 골퍼로 성장할 수 있다.

이 책에서 다룬 모든 내용을 실천하며, 자신만의 멘탈 전략을 구축하고 지속적으로 발전시켜 나간다면, 궁극적으로 멘탈이 강한 골퍼로 거듭날 수 있을 것이다.

7. 멘탈 코칭의 미래

골프 선수들의 경기력 향상을 위해서는 단순히 기술적인 부분만을 연마하는 것으로는 부족합니다. 경기 중 발생할 수 있는 다양한 심리적 요인들을 효과적으로 관리하는 것이 필수적이죠. 바로 이러한 필요성에 따라 멘탈 코칭의 중요성이 부각되고 있다.

과거에는 멘탈 코칭이 선수들 사이에서 다소 생소한 개념이었지만, 최근 들어 많은 변화가 일어나고 있다. 이제 많은 선수들이 자신의 경기력 향상을 위해 전문적인 멘탈 코칭을 받고 있다. 이를 통해 자신의 심리적 특성을 이해하고, 긍정적인 사고와 집중력을 향상시킬 수 있게 된 것이죠.

앞으로 멘탈 코칭은 골프 선수들에게 더욱 필수적인 요소가 될 것으로 예상된다. 단순히 기술적인 측면에서의 향상뿐만 아니라 선수의 심리적 역량을 강화하는 것이 중요해질 것이다. 이를 위해 전문적인 멘탈 코치의 역할이 더욱 부각될 것이며, 선수들 또한 자신의 멘탈 관리에 더 많은 관심을 기울일 것으로 보인다.

특히 최근 들어 가상현실(VR) 기술의 발달로 인해 멘탈 코칭의 새로운 가능성이 열리고 있다. VR 을 활용하면 실제 경기 상황을 시뮬레이션하고, 선수의 심리적 반응을 더욱 정밀하게 분석할 수 있게 된다. 이를 통해 선수 개인에 맞춤화된 맞춤형 멘탈 코칭 프로그램을 제공할 수 있게 될 것이다.

앞으로 멘탈 코칭은 골프 선수들의 경기력 향상을 위한 필수적인 요소가 될 것이다. 단순히 기술적인 측면에서의 발전뿐만 아니라 선수 개개인의 심리적 역량을 강화하는 것이 중요해질 것이며, 이를 위해 전문적인 멘탈 코치의 역할이 더욱 중요해질 것이다. 또한 새로운 기술의 발달로 인해 멘탈 코칭의 방법론도 끊임없이 진화해 나갈 것으로 예상된다.

참고문헌

1. 김재훈 (2015). 골프 멘탈 트레이닝: 집중력과 자신감 향상 전략. 스포츠사이언스.
2. 최경호 (2017). 골프 심리학의 이해와 적용. 대한미디어.
3. 김성준 (2018). 스포츠 심리학: 골프에서의 멘탈 기술 훈련. 한솔미디어.
4. 신동엽 (2019). 멘탈이 강한 골퍼가 승리한다. 스포츠북스.
5. 박승진 (2020). 골프 퍼포먼스를 위한 심리 기술 훈련. 스포츠사이언스.
6. 박현우 (2021). 프로 골퍼들의 심리 전략과 멘탈 관리. 스포츠클리닉.
7. 장준호 (2022). 골프 멘탈 코칭과 심리적 회복 탄력성. 코칭북스.
8. 최지훈 (2023). 골프에서의 멘탈 강화를 위한 인지 행동 전략. 스포츠심리연구소.
9. 이정훈 (2018). 골프 심리 기술 훈련: 경기력 향상을 위한 전략. 대한미디어.
10. 박기현 (2019). 스포츠 심리학과 골프 멘탈 트레이닝. 한솔출판사.
11. 김동현 (2020). 골프 코칭과 심리적 요인. 스포츠과학연구소.
12. 윤재호 (2021). 프로 골퍼의 멘탈 훈련과 퍼포먼스 향상 전략. 스포츠북스.
13. 오승환 (2022). 멘탈이 강한 골퍼의 심리 전략. 대한체육회 출판부.
14. 최정훈 (2023). 골프 선수의 심리적 회복력과 경기력 향상. 스포츠심리연구소.
15. 김성우 (2022). 골프 멘탈 트레이닝과 집중력 강화법. 스포츠코칭출판사.
16. 한지훈 (2019). 골프 경기력 향상을 위한 심리 기술 적용 사례 연구. 한국체육학회지.
17. 장은석 (2018). 골프 선수들의 심리적 강인함과 경기력의 관계. 대한스포츠과학회.
18. 서지훈 (2017). 스포츠 심리학이 골프 퍼포먼스에 미치는 영향. 대한미디어.
19. Timothy Gallwey (2009). The Inner Game of Golf. Random House.
20. Bob Rotella (2012). Golf Is Not a Game of Perfect. Simon & Schuster.
21. Dr. Joseph Parent (2002). Zen Golf: Mastering the Mental Game. Doubleday.
22. Pia Nilsson & Lynn Marriott (2005). Every Shot Must Have a Purpose. Gotham Books.
23. Karl Morris (2014). The Lost Art of Putting. Sports Publishing.
24. James Sieckmann (2015). Your Short Game Solution. Avery Publishing.
25. Gio Valiante (2005). Fearless Golf: Conquering the Mental Game. Doubleday.
26. Richard Coop (1993). Mind Over Golf: How to Use Your Head to Lower Your Score. Fireside.
27. John Adler & Juile Adler (2009). The Caddy's Guide to Life: Golf's Lessons for Everyone. St. Martin's Press.
28. Jim Afremow (2015). The Champion's Mind: How Great Athletes Think, Train, and Thrive. Rodale Books.
29. Dr. Bob Winters (2017). Mistake-Free Golf: First Aid for Your Golfing Brain. Human Kinetics.
30. Sean Foley (2021). The Science of Golf and the Art of Coaching. Golf Science Press.
31. Mark Broadie (2014). Every Shot Counts: Using the Revolutionary Strokes Gained Approach to Improve Your Golf Performance and Strategy. Avery.
32. Michael Lardon (2014). Mastering Golf's Mental Game: Your Ultimate Guide to Better On-Course Performance and Lower Scores. Crown Archetype.
33. Patrick Cohn (2002). The Mental Game of Golf: A Guide to Peak Performance. Jeter Publishing.
34. Richard Keefe (2018). The Psychology of Golf Performance: Mental Strategies for Consistency and Success. SportsMind Books.
35. Patrick J. Cohn & Robert K. Winters (2005). Peak Performance Golf: Emotional and Mental Strategies for Lowering Your Score. Perigee Books.
36. David Cook (2009). Golf's Sacred Journey: Seven Days at the Links of Utopia. Zondervan.
37. Steve Elkington & Helen Elkington (2016). Tour Mentality: Inside the Mind of a Tour Pro. Secret Golf.
38. Adam Young (2015). The Practice Manual: The Ultimate Guide for Golfers. AuthorHouse.
39. Bob Rotella (2020). Make Your Next Shot Your Best Shot. Simon & Schuster.
40. Dr. Deborah Graham & Jon Stabler (1999). The Eight Traits of Champion Golfers: How to Develop the Mental Game of a Pro. Fireside.
41. Edward A. Coughlan (2019). The Psychology of High Performance: Developing Human Potential Into Domain-Specific Talent. Routledge.
42. Paul McCarthy (2016). The Psychology of Golf: Achieve Peak Performance on the Golf Course. Routledge.
43. Dr. Raymond Prior (2022). Golf Beneath the Surface: The New Science of Golf Psychology. HarperCollins.
44. Lanny Bassham (2011). With Winning in Mind. Mental Management Systems.
45. Gary Player (2015). Don't Choke: A Champion's Guide to Winning Under Pressure. Skyhorse Publishing.
46. Shane Murphy (2012). The Achievement Zone: 8 Skills for Winning All the Time from Sports to Business. G.P. Putnam's Sons.
47. W. Timothy Gallwey (2000). The Inner Game of Work. Random House.
48. Bruce S. Sherwin (2008). The Mental Game: Thinking Your Way Around The Golf Course. SportsMind Press.
49. Ken Blanchard & Don Shula (1995). Everyone's a Coach: Five Business Secrets for High-Performance Coaching. Zondervan.
50. Michael Hebron (1994). Golf Swing Secrets and Lies: Six Timeless Lessons. Learning Golf Inc.